Roland Rottenfußer

Lichtvolle Magie mit Kerzen

»Rituale, Magie und Symbolik der Kerzen«

Ein umfassendes Handbuch über
die symbolische Bedeutung der Kerzen in der Mystik
bis hin zur praktischen Kerzenmagie mit geheimnisvollen
Ritualen und Beschwörungen

WINDPFERD

Wichtiger Hinweis Die Informationen des Buches sind sorgfältig recherchiert und wurden nach bestem Wissen und Gewissen weitergegeben. Dennoch übernehmen Autor und Verlag keinerlei Haftung für Schäden irgendeiner Art, die direkt oder indirekt aus der Anwendung oder Verwendung der Angaben in diesem Buch entstehen. – Sollte der Verdacht auf eine ernsthafte Gesundheitsstörung vorliegen, appellieren Autor und Verlag an die Leser, einen Arzt, Psychotherapeuten oder Heilpraktiker aufzusuchen.

Der Autor Roland Rottenfußer, freiberuflicher Journalist und Lektor, hat Germanistik und Romanistik sowie einige Semester Musikwissenschaft studiert. Er ist bekannt durch verschiedene Zeitschriftenartikel zu spirituellen Themen. Natürlich ist er Romantiker mit einer großen Liebe zu Kerzen.

Impressum 1. Auflage 1999

© 1999 by Windpferd Verlagsgesellschaft mbH, Aitrang
Alle Rechte vorbehalten
Umschlaggestaltung: Kuhn Grafik, Digitales Design, Zürich unter
Verwendung einer Fotografie von Ulla Mayer-Raichle
Lektorat: Brigitte Gabler, Korrektorat: Gabrielle Wurff
Fotos/Grafiken im Innenteil: Ulla Mayer-Raichle (S. 4, 5, 6, 10, 24, 28, 36, 45, 50, 62, 76) und Schneelöwe-Foto-Archiv (S. 81 unten), Schneelöwe-Grafik (S. 3, 46, 58- 60), Kuhn-Grafik (S. 1, 30-32, 44), Brigitte Gabler (S. 15, 27, Peter Ehrhardt (S. 35, 66, 81 oben, 83)
Layout/Satz: *panta rhei!* – InterMedia Uwe Hiltmann, Freiburg/Brsg.
Herstellung und Bildbearbeitung: Schneelöwe, Aitrang
ISBN 3-89385-292-1

Printed in Germany

*Meiner lieben Konstanze
Durch dich ist mir so manches
Licht aufgegangen*

Inhaltsverzeichnis

Vorwort 7

Symbolik und Magie
Die geistigen Grundlagen des Kerzenrituals 11
Symbolik der Kerzen 11
Kleine Kulturgeschichte der Kerze 15
Was ist Magie? 17
Wozu Rituale? 22

Was Sie schon immer über Ritualkerzen wissen wollten ...
Farbe, Funktion, Material 25
Materialien 26
Formen 26
Farben 28
Ihr Weg zur richtigen Farbwahl 30
Farben und ihre Bedeutung 30
Kerzen selbst herstellen 32
Verschiedene Ritualkerzen 34

Ein Fest für alle Sinne
Was Sie sonst noch für Ihren Altar brauchen 37
Lernen Sie „senkrecht" zu denken! 37
Das Zauberreich der Düfte 39
Musik 42
Blumen 44
Andere symbolische Gegenstände 44
Texte 46

Von Mondkräften und Planetenstunden
Zeitbestimmung beim Ritual 51
Die Mondphasen 52
Die Tageszeit 53
Die Planetenstunden 54
Wirkungsbereiche der Planeten 58

Fahrplan zu Glück und Erfolg
Wie Ihr Ritual ablaufen kann 63
Die kurzfristige Vorbereitung 64
Das lichtvolle Ritual 69

So bearbeiten Sie Ihre Lebensthemen
Beispiele aus der Praxis 77
Materiellen Wohlstand anziehen 77
Ängste auflösen 82
Weitere Beispiele in Kürze 84
Anziehungsrituale 88
Verbannungsrituale 88
Harmonierituale 89
Negative Charaktereigenschaften loslassen 91
Mein persönliches Kerzenritual-Tagebuch 92

Vorwort

Wie viele andere Menschen, die in Westeuropa aufgewachsen sind, verdanke auch ich meine ersten Eindrücke von der Macht und Magie der Kerzen dem christlichen Kulturkreis. Ich erinnere mich noch gut an die eisig kalte, dunkle Morgenstunde, als meine Eltern mich zum ersten Mal zum großen Osterfeuer mitnahmen. Wärmend und verzehrend, faszinierend und bedrohlich zugleich flackerte das blendend orangegelbe Flammengewirr dem sternlosen Nachthimmel entgegen. Die Meßdiener entzündeten eine Fackel, trugen sie feierlich in den noch vollkommen dunklen Kirchenraum und gaben das Licht weiter an jedes der kleinen Teelichter, die wir Kirchgänger vor uns auf der Bank stehen hatten. Bald befanden wir uns in einem Meer winziger Leuchten, jedes davon Licht vom Licht des großen Ursprungsfeuers, dessen Kraft durch das scheinbare „Abzapfen" von Feuersubstanz jedoch um keinen Deut verringert wurde. Das Bild war so schön und so klar, daß es sich auch einem sehr jungen Menschen mühelos erschloß, sich als unauslöschlicher Eindruck dem bewußten und unbewußten „Seelenspeicher" einprägte: Wie die Flämmchen der kleinen Teelichter leuchtete auch in jedem Menschen ein Feuer, ein Geistfunke, dessen Ursprung im unendlich viel größeren göttlichen Geist lag. „Und das Licht scheint in der Finsternis", ist Hoffnung in der dunklen Nacht unserer irdischen Schicksale und Erleuchtung inmitten der „Umnachtung" unseres beschränkten Alltagsbewußtseins.

Von der Macht und der Magie der Kerzen waren die Menschen von jeher beeindruckt

Kerzen haben mein Leben seither auf Schritt und Tritt begleitet. Der weihnachtlich erleuchtete Christbaum, der in meinem Elternhaus stets mit echten Kerzen geschmückt war, stand als strahlendes Symbol für das größte einer Kinderseele vorstellbare Glück. Die wachsende Anzahl der Kerzen auf meinem Geburtstagskuchen, verbunden mit „magischen" Wünschen, die beim Ausblasen zusammen mit dem erstickenden Qualm gen Himmel geschickt wurden, markierten die Stationen meines Älterwerdens. Als Jugendlicher mied ich die sterile, von kaltem, grellen Neon-Licht bloßgelegte Atmosphäre von Schickeria-Cafés und bevorzugte mit meinen Kumpanen düstere, mit warmem Holz verkleidete Eckkneipen, in denen auf jedem Tisch eine schlichte weiße Kerze stand. Ich begann mich unübersehbar zum „Romantiker" zu entwickeln, dabei nicht selten als etwas altmodisch belächelt.

Später, als ich mit erwachender „Jünglingschaft" beim anderen Geschlecht Eindruck schinden wollte, veranstaltete ich ausgefeilte Candlelight-Dinners. Wie schmeichelte der goldbraune Ton des

Kerzenlichts dem Gesicht eines geliebten Menschen, schöner als es das perfekteste Make-up vermocht hätte! Und wie leicht ließ sich mit Hilfe der kleinen wächsernen „Kuppler" eine Atmosphäre der Verzauberung schaffen!

Die Sprache der Kerzen wird auf jedem Kontinent und in jedem Kulturkreis verstanden

Als sich die Fühler meines ruhelosen Geistes nach den Wissensgebieten der Mystik, der Magie und östlicher Weisheit auszustrecken begannen, da merkte ich, daß Kerzen mich auch dorthin begleiten und mir auf meinem Weg leuchten konnten. Die „Sprache der Kerzen" wird eben – wie die der Musik – auf jedem Kontinent und in jedem Kulturkreis verstanden. Als lernender „Yogi" übte ich mich in Kerzenmeditation, als Hobby-„Aromatherapeut" in eigener Sache machte ich das Teelicht zu einem zentralen Requisit, das aus meinem Alltag nicht mehr wegzudenken ist.

Vielleicht haben ja auch Sie ähnliche oder andere, in jedem Fall aber intensive Erfahrungen mit Kerzen gesammelt!?

Die Verbindung von Kerzen und Magie ist für jedermann unmittelbar „einleuchtend". Die Begriffe „Verzauberung", „zauberhaft" oder „magisch" kommen einem im Zusammenhang mit Kerzen ganz unwillkürlich in den Sinn. Vielleicht ist auch in „kopfgesteuerten" und ganz und gar „unesoterischen" Zeitgenossen irgendwann einmal eine Ahnung davon erwacht, daß wir in der Kerze ein treffendes Bild unserer physisch-psychischen Existenz, unseres so zerbrechlichen und doch gottgeweihten Wesens in Händen halten. Mit den Kerzenritualen, in die ich Sie in diesem Buch einführen möchte, betreten Sie eine feierliche, entrückte und ästhetische Welt. Sie entfliehen für einige Zeit einem tristen Alltagsbetrieb, der im Zeitalter der „Moderne" mehr denn je dem Diktat des Kargen, Funktionellen und Häßlichen unterworfen ist – Sie tun dies nicht zuletzt auch, um diesen Alltag ein wenig humaner zu gestalten, ihn zu verwandeln, ihn anzuleuchten mit der neu gewonnenen Kraft Ihres inneren Lichts.

Sie halten Einzug in eine Welt, die zugleich aufgeregt erkundetes Neuland und Oase des Friedens und tiefen Zur-Ruhe-Kommens für Sie sein möchte. Vielleicht werden Sie dabei spüren, daß diese neue „magische" Welt des Rituals mit ihren Farben, Blumen, Gerüchen, Klängen und geheimnisvollen Beschwörungsformeln eine noch unbekannte Saite in Ihnen zum Klingen bringt – eine, die an die verschütteten Urbilder Ihrer Seele zu rühren vermag. Sie werden zugleich wieder jenes staunende vertrauensvolle Kind werden dürfen, das beim Hantieren mit Kerzen flammende Wünsche in einen vage geahnten „guten" und behütenden Himmel aufsteigen läßt. Wer sich einige Grundregeln lichtvollen magischen Handelns angeeignet hat, in dessen Leben können sich in der Tat wieder „Wunder" vollziehen.

Dazu muß allerdings zunächst ein esoterisches Basiswissen vermittelt werden, denn die Materialisation geistiger Gedanken und Wünsche unterliegt gewissen Spielregeln und Einschränkungen, die jeder kennen muß. Bedenken Sie, daß Kerzenmagie weit mehr ist als das rationale Begreifen von (heute gar nicht mehr so geheimem) „Geheimwissen", das ich Ihnen auf den folgenden Seiten vermitteln möchte. Mindestens ebenso wichtig ist die tief empfundene Liebe zum flackernden Schein der duftenden Kerze, das Gespür für ihre geheimnisvolle Strahlkraft, die uns ein Abbild jenes viel größeren Lichts sein möchte, ein Symbol unseres sehnsuchtsvollen Hinstrebens zum Göttlichen. In diesem Sinne wünsche ich allen Lesern viel Freude und Bereicherung beim Umgang mit den leuchtenden Botschaftern zwischen der materiellen und der geistigen Welt.

Roland Rottenfußer,
München, Januar 1999

Lichtvolle Magie mit Kerzen ist verbunden mit der tief empfundenen Liebe zum flackernden Schein des am Docht züngelnden Lichts

*Kerzen symbolisieren die
Vergänglichkeit
menschlichen Lebens*

Symbolik und Magie

Die geistigen Grundlagen des Kerzenrituals

Symbolik der Kerzen

Um uns der tieferen Bedeutung der Kerze zu nähern, müssen wir uns für einen Augenblick eine Lebenswelt vergegenwärtigen, in der Kerzen und offene Flammen die einzige verfügbare Quelle von Licht und Wärme waren. Dies ist keineswegs ein Horrorszenario, es war für unsere Vorfahren noch bis weit ins 19. Jahrhundert „düstere" Realität. Welch einzigartigen Wert muß in langen, kalten Winternächten das Kaminfeuer gehabt haben! Und die zarte Kerzenflamme, um die sich die Familie vor dem Schlafengehen versammelte, um beim Gespräch noch eine Ahnung des schummrig erleuchteten Mienenspiels der anderen zu erhaschen! Wie wichtig muß es gewesen sein, daß der Vorrat an Kerzen im Haus nie zur Neige ging, und was geschah, wenn das letzte verfügbare Streichholz dem Wind oder ungeschicktem Hantieren zum Opfer fiel?

Der Licht-Dunkel-Kontrast, der schon immer instinktiv mit Leben und Tod, mit Gut und Böse assoziiert wurde, gehört zweifellos zur Ursymbolik der Kerzen. Mit den Worten „Es werde Licht" setzt Gott den Schöpfungsprozeß in Gang; und die Worte des Johannes-Evangeliums „Und das Licht scheint in der Finsternis" gehören zu den machtvollsten literarischen Zeugnissen dieser Symbolik in unserem Kulturkreis. Jesus – und nach ihm unzählige „Lichtgestalten" der Legende und der Historie – brachten das Licht in eine als düsteres Jammertal erlebte Welt.

Doch die Bedeutung der Kerze geht noch weit darüber hinaus. Betrachten Sie einmal bei Gelegenheit eine brennende Kerze in aller Ruhe und machen Sie sich Ihre Gedanken dazu. Schon die klare Wahrnehmung dessen, was da vor sich geht, läßt oft unwillkürlich die Ahnung einer tieferliegenden Wirklichkeit durchscheinen.

Da ist der massive, materielle, undurchdringliche „Körper" des Wachses, zur Zylindergestalt oder in andere Formvariationen gegossen; da ist auf der anderen Seite jenes leuchtende, fast durchscheinende Feuergespenst, das vom Wachs aufsteigt, aus ihm hervorgeht, nach oben strebt, sich zu verflüchtigen, sich in Nichts aufzulösen scheint und doch der umgebenden Luft noch weit über

Mit den Worten: „Es werde Licht", wurde einst der Schöpfungsprozeß eingeleitet

Materie geht nicht verloren, sie wird lediglich verwandelt – aus Wachs wird Kerzenschein

Das Versiegen des Nahrungsstroms ist gleichbedeutend mit dem Tod. Wie das Leben gleicht die brennende Kerze eher einem Prozeß als einem festen Zustand

Die Zeit verrinnt – die unaufhaltsam abbrennende Kerze ist ein Sinnbild dafür

den Rand der sichtbaren Flamme hinaus eine flimmernde, dichtere Substanz verleiht.

Wie verhalten sich nun „Körper" und „Geist" der Kerze zueinander. Die Flamme scheint das Wachs Zug um Zug „aufzufressen", ihm die Substanz zu rauben und sie dem formlosen Aufstieg in die „unsichtbare Welt" anheimzugeben. „Etwas" wird im Gefolge eines komplizierten Prozesses von Dematerialisation (Ent-Körperung) zu „nichts" – und wir ahnen doch, daß dieser „Tod" des Wachskörpers in Wirklichkeit eine Form der Verwandlung ist, der Verschmelzung mit der unendlich viel größeren, reineren Ätherwelt.

Der aufmerksame Leser wird nun schon ahnen, worauf ich hinaus will: Die Kerze repräsentiert den Menschen selbst in seiner physischen wie seiner geistigen Natur, und vielleicht ist dies das Geheimnis der jahrtausendealten Faszination der Kerze. Die Materie (Wachs) wird zum stofflichen Träger der Geistesflamme. Sie scheint die Kraft der Flamme jedoch nur für eine begrenzte Zeit ertragen zu können, bevor er von ihr buchstäblich aufgezehrt wird. So ist die Kerzenflamme auch ein Bild des irdischen Lebens, das darauf angewiesen ist, für seine Weiterexistenz fortwährend materielle Nahrung zugeführt zu bekommen.

Dieser noch vergleichsweise „weltlichen" Deutung der Kerze steht eine andere, „esoterische" gegenüber: Die Kerze markiert die Grenzlinie zwischen grobstofflicher und feinstofflicher Welt und versinnbildlicht den fließenden Übergang der einen in die andere. Das Hinstreben der Seele in die geistige Welt, hin zum Göttlichen wird in der sich verflüchtigenden Aufwärtsbewegung des Feuers deutlich.

Noch einfacher gesprochen symbolisieren Kerzen – ähnlich der Sanduhr – die Vergänglichkeit, das langsame, aber unaufhaltsame Zur-Neige-Gehen von Lebenszeit. Beobachten Sie einmal das Zeitgefühl, das Sie entwickeln, wenn Sie eine Kerze zum Abendessen brennen lassen und ihre Aufmerksamkeit nur gelegentlich dem freundlichen Lichtspender zuwenden. Während das langsame Abschmelzen des Wachskörpers anfangs unmerklich vor sich geht und man glaubt, noch „unendlich" viel Zeit zu haben, scheint es am Ende doch ganz schnell gegangen zu sein. Ähnlich geht es uns mit unserem Leben, das uns, wie unzählige literarische und triviale Vergleiche es in Worte gefaßt haben, buchstäblich „zwischen den Fingern zerrinnt".

In ähnlich bildlicher Weise können wir die extreme „Störanfälligkeit" der Kerze betrachten, ihre Gefährdung selbst durch einen schwachen Windhauch oder ein unbedachtes menschliches Ausatmen in ihrer unmittelbaren Nähe. So zerbrechlich, so verletzlich, könnte man schlußfolgern, ist auch menschliches Leben.

Wie leicht kann unser Lebenslicht durch eine Fahrlässigkeit von uns selbst oder anderen Personen, denen wir uns anvertrauen, „ausgeblasen" werden!

Der englische Pop-Sänger Elton John machte aus dem Kerzen-Gleichnis sogar den erfolgreichsten Song aller Zeiten: „Candle in the Wind". Er verglich darin das Leben der verstorbenen Prinzessin Diana mit einer „Kerze im Wind" – und rührte damit Millionen zu Tränen. Denken Sie ruhig bei Gelegenheit an Diana oder an eine andere Person, die auf plötzliche und unerwartete Weise ums Leben kam. Sie bekommen dann ein Gefühl dafür, was uns die empfindliche Kerze sagen will.

Feuer bedeutet Geborgenheit – kann aber ebenso gut Zerstörung bringen

In einem anderen bekannten Schlager älteren Datums sang Marlene Dietrich: „Männer umschwirren mich, wie Motten das Licht, und wenn sie verbrennen, ja dafür kann ich nichts!" Damit ist ein anderer wichtiger Aspekt des symbolischen Gehalts des Feuers und damit der Kerze angesprochen. Feuer wärmt dich und spendet Leben, solange du dich in angemessener Entfernung von ihm aufhältst und es unter Kontrolle hast, aber wehe, Du kommst ihm zu nahe ...! Feuer ist ein doppelgesichtiger „Gott". Die eine seiner beiden Seiten zeigt das milde lächelnde Antlitz der Geborgenheit und Fürsorge, die andere die häßliche Fratze von Tod und Zerstörung.

Die griechische Sage von Dädalus und Ikarus erzählt von jenem unbedachten Jüngling, der mit seinen selbstgebastelten Flügeln im Taumel der Begeisterung der Sonne zu nahe kam. Das Wachs schmolz, und Ikarus stürzte ins Meer. Sein bedächtiger Vater Dädalus hingegen hielt sich in respektvoller Entfernung von der Quelle allen Lichts auf – und überlebte. Kaum muß auf den pädagogischen Sinn einer solchen Geschichte eingegangen werden!

Feuer kann, wie im Lied von Marlene Dietrich angesprochen, das Symbol der Liebe sein, an der man sich „die Finger verbrennt"; es kann aber ebenso das Symbol der vom Menschen unbedacht entfesselten verborgenen Kräfte der Natur sein. Moderne Technologie, beispielsweise Atomenergie, kann segensreiche, aber auch zerstörerische Wirkung entfalten. Feuer ist damit, auf einer noch tieferen symbolischen Ebene, ein Sinnbild des menschlichen Intellekts, seines Ich-Bewußtseins.

Feuer wie Intellekt geben dem Menschen Macht über die Natur und die Möglichkeit, diese Macht zum Guten oder zum Bösen zu gebrauchen. Feuer symbolisiert nicht zuletzt auch Größe und Ge-

Feuer gibt dem Menschen Macht über die Natur

Magie hat wie das Feuer zwei Seiten: gehen Sie also bedächtig damit um

fährdung des Menschen selbst, der dem naiven Zustand des Eins-Seins mit der Schöpfung entwachsen ist.

Prometheus war es, der in der griechischen Mythologie den Menschen das Feuer brachte. Die eifersüchtigen olympischen Götter jedoch bangten um ihre Vormachtstellung. Sie fürchteten, die Menschen, bislang dumpfköpfige, leicht manipulierbare „Untertanen" des Göttergeschlechts, könnten es ihnen an Macht und Einfluß gleichtun oder sie gar überflügeln. Durch Feuer wären die Menschen selbst so etwas wie Götter geworden. Dies mußte verhindert werden. „Lichtrebell" Prometheus wurde kurzerhand aus dem Verkehr gezogen und an einen Felsen geschmiedet.

Innovationen, deren Zeit gekommen ist, sind, wie wir wissen, kaum zu stoppen

Wie wir wissen, war das ethisch äußerst zweifelhafte Tun von Göttervater Zeus letztendlich nicht erfolgreich. Es scheint als habe auf unserer Erde der wohlmeinende, aber leichtfertige „Zündler" Prometheus über den übervorsichtigen Tyrannen Zeus einen späten Sieg errungen. Innovationen, deren Zeit gekommen ist, sind, wie wir wissen, kaum zu stoppen.

Um so wichtiger erscheint es gerade in unsere Zeit, sie einer auf Ethik und Humanität beruhenden Selbstkontrolle zu unterziehen.

Damit befinden wir uns wiederum sehr nahe am Thema „Magie", das im Mittelpunkt dieses Buches steht. Auch die Magie, die uns Macht über die Schöpfung verleiht, kennt die Doppelgesichtigkeit von Nutzen und Gefährdung. Die zwei Seiten magischer Betätigung werden seit jeher als „weiße" und „schwarze" Magie bezeichnet. Magie mit Feuer, also auch Magie mit Kerzen, ist eine sehr naheliegende Kombination, denn Feuer ist – neben seinen zahlreichen anderen Bedeutungen – auch das schlüssigste und klarste Symbol für Magie. Behalten Sie daher bei all Ihrem „magischen" Tun stets die „zwei Seiten der Medaille" im Auge: Die gebührende Vorsicht, die einem gewissen Ikarus und auch den besagten Motten, die sich zu nahe ans Licht wagten, ganz gut bekommen wäre; aber auch den Mut, sich auf Neuland zu wagen. Bewahren Sie sich ein gesundes Mißtrauen gegenüber „höheren" Instanzen, die Sie – wie seinerzeit Göttervater Zeus – von Kräften und Fähigkeiten fernhalten wollen, die diese Instanzen gern ausschließlich für sich beanspruchen würden. Eine Idee, sagten wir, deren Zeit gekommen ist, ist kaum aufzuhalten. Wie wäre es mit der Idee einer Demokratisierung der Magie"?

Kleine Kulturgeschichte der Kerze

Im Kapitel über die Kerzensymbolik wurden schon einige Beispiele für die bewußtseinsprägende Kraft von Licht, Feuer und Kerze genannt. Es kann hier nur anhand einiger „Highlights" eine Ahnung von der Vielfalt der Anwendungen und der Bedeutung von Kerze vermittelt werden. Sie umfaßt beinahe alle geschichtlichen Epochen und Kulturkreise.

Bei den alten Griechen und Römern war es üblich, den Göttern durch Verbrennen von Speisen zu opfern. Der aufsteigende Rauch wurde schon damals als Symbol dafür angesehen, daß Gebetswünsche zu den Göttern „hinaufstrebten". Die Germanen verehrten das Feuer als lebensspendende Macht und widmeten ihm zahlreiche machtvolle Rituale, von denen die bekanntesten das Sonnwendfeuer (später: Johannisfeuer) und die großen Frühlingsfeuer zu Ehren von Gott Wodan waren.

Feuer ist eines der vier Elemente der westlichen Esoterik (Feuer, Erde, Luft, Wasser), der fünf Elemente des altindischen Denkens (hier kommt der Äther hinzu) sowie der fünf Elemente der chinesischen Philosophie (Feuer, Holz, Erde, Metall, Wasser)

In der Bibel offenbarte sich Gott u. a. in Gestalt eines brennenden Dornbusches (gegenüber Mose) und als „Licht der Welt" (wie sich Jesus nannte). Im christlichen Kulturkreis gehört die Kerze schon seit den frühen Jahrhunderten zum Inventar von Mess- und Totenfeierlichkeiten.

Man kannte schon früh große und kleine Altarkerzen, Opferkerzen, mit denen man (für eine kleine Geldspende) seiner Toten gedachte und Grabkerzen, die man im Idealfall nie verlöschen ließ, um seine Verbundenheit mit den Verstorbenen zum Ausdruck zu bringen.

Wir kennen die Verwendung von Kerzen bei Feierlichkeiten der jüdischen Religion. Auch die Einweihungsrituale von Geheimbünden, etwa der Freimaurer, wären ohne Kerzen nicht denkbar. Bei diesen und ähnlichen Organisationen symbolisiert die Dunkelheit im allgemeinen den Geisteszustand des „Uneingeweihten", Licht und Kerzen dagegen die „Erleuchtung", die dem Geistesschüler durch die Aufnahme in die Bruderschaft zuteil wird.

In der Aufklärung war das Licht Zeichen des Widerstandes gegen die Lehren des finsteren Mittelalters

Man beachte hierzu auch das Weltbild der philosophischen „Aufklärung" – ein Name, der bereits Programm ist: Vertreter der Aufklärung und ihrer geistigen Nachfolger wollten sich stets vom „finsteren Mittelalter" abgrenzen, indem sie die Symbolik des Lichts, der Erleuchtung für sich und ihre Philosophie der Geistesklarheit in Anspruch nahmen. Ironie der Geistesgeschichte, daß sich hier zwei Kräfte, die das „Licht" für sich gepachtet zu haben meinen, Christentum und wissenschaftliche Aufklärung, feindlich gegenüber standen. Etwas von der aufklärerischen Bedeutung der Kerze, ihrer Funktion, ein Fanal des Widerstands gegen ebenso dunkle wie

Opferkerzen in der Kirche

dumpfe Kräfte zu bilden, hat sich in Ereignissen wie den friedlichen Montagsdemonstrationen in den letzten Tagen der DDR erhalten. Man kann auch an die Lichterketten gegen ausländerfeindliche Übergriffe denken – beide Ereignisse wären ohne Kerzenlicht nicht denkbar gewesen.

Ein Blick in den Osten: Im Yoga wurde und wird die Kerze gern für besondere Konzentrationsübungen verwendet. Diese Technik, Tratak genannt, kann als ein Starren mit anschließender Visualisation beschrieben werden. Man schaut die Kerze für einige Zeit intensiv an, schließt dann die Augen und versucht, ihre genaue Gestalt vor seinem inneren Auge wiederauferstehen zu lassen. Das Ziel besteht darin, die auseinandertreibenden Ströme der Gedanken zu sammeln und auf einen einzigen Gegenstand zu lenken. In letzter Konsequenz geht es sogar darum, mit diesem Gegenstand zu verschmelzen und die (gemäß der Yoga-Philosophie nur eingebildete) Trennung von „Ich" und „Welt" zu überwinden.

Mit der Erfindung der Glühbirne durch Thomas Alva Edison kam die Kerze vorübergehend etwas aus der Mode. Man war stolz auf die technischen Errungenschaften und die neue Freiheit, die jene „endlos brennenden Kerzen" den Menschen brachten. Wir alle machen seither buchstäblich die Nacht zum Tag, essen, lesen und arbeiten völlig unabhängig vom Stand der Sonne. In unseren großen Städten entzünden wir nachts ein Meer künstlicher, manchmal im Sekundentakt aufblinkender und verlöschender Lichter. Die Verwendung von Wachskerzen erscheint dabei oft beinahe wie ein überflüssiger und ein wenig romantischer Anachronismus.

Doch das Ursymbol der Kerze hat sich zu tief in den Bilderschatz unseres Unbewußten „eingebrannt", als daß es durch ein einziges Jahrhundert ausgelöscht werden könnte. Noch immer spüren wir Macht, Magie und Mystik des Kerzenscheins und entzünden die unsicher flackernden Wachslichter manchmal scheinbar ohne „vernünftigen Grund". Als wären sie Boten einer versunkenen, etwas „schummrigen", aber durch die stärkeren Gefühlskontraste einzigartig intensiven Seelenvergangenheit.

Kerzen können helfen, die Trennung von „Ich" und „Welt" zu überwinden

Dem Zauber des Kerzenlichtes können wir uns auch in unserer modernen Welt nicht entziehen

Was ist Magie?

Wir kennen ihn in karikaturhafter Verzerrung aus Kinderbüchern: Mit starrem Blick, Zauberstab und sternenübersätem Spitzhut, einen Raben auf der Schulter und stets alberne Wortgebilde wie „Simsalabim" im Mund führend: Den Magier – Urbild von Weisheit und Gefährdung an der Grenzscheide zwischen Mythos und Wirklichkeit, Gut und Böse, Genius und Scharlatanerie. Der Magier – eine der 22 Urbilder im Kartenorakel des Tarot. Merlin, Sarastro, Crowley, Miraculix, David Copperfield. Diese Namen – so unterschiedliche „Typen" des Zauberers sie auch repräsentieren mögen – leuchten beim Thema „Magie" unwillkürlich vor uns auf. Was aber bedeutet Magie wirklich?

Der Autor esoterischer Sachbücher Wulfing von Rohr definiert sie als „den Umgang, den Austausch und die Beherrschung höherer, überweltlicher Mächte sowie die Beherrschung niederer Sphären der verborgenen Naturkräfte".

Demgegenüber wird oft auch die Schulung und Anwendung eigener geistiger Kräfte hervorgehoben, wie ich sie hauptsächlich in meinem Buch vertrete. „Drum hab ich mich der Magie ergeben", bekennt Goethes Faust, nachdem ihn jahrelanges Ringen um trockene Buch-Gelehrsamkeit in eine intellektuelle Sackgasse geführt hat. Magie heißt bei Goethe, den Schleier der Worte und Begriffe, der sich über die dahinterliegende tiefere Wirklichkeitsebene gelegt hat, zu lüften.

Positiv interpretiert bedeutet Magie, sich aus der Knechtschaft der Materie zu befreien. Es bedeutet, die Souveränität des Geistes über die Materie wiederherzustellen und zum Herren seines eigenen Schicksals zu werden.

Es sind aber auch einige etwas herablassende Interpretationen im Umlauf. Kindern wird von der Tiefenpsychologie ein „magisches Bewußtsein" zugeschrieben. Gemeint ist, daß Kinder annehmen, ihre Gedanken würden sich augenblicklich in der materiellen Realität verwirklichen. Wünschen Kinder beispielsweise einem Menschen in Gedanken den Tod, und dieser Tod tritt dann wirklich ein, so kann dies zu einem schweren Trauma und oft lebenslangen Schuldgefühlen führen, weil die Kinder ihre bloßen Gedankenspiele als Ursache des Geschehens interpretieren.

Bei Naturvölkern werden Krankheiten häufig als Folge „böser Gedanken" seitens anderer Stammesmitglieder angesehen. Folgerichtig ist für Psychologen das „magische Denken" eine primitive Bewußtseinsform, die im Erwachsenenalter – und analog dazu in den entwickelten Formen menschlicher Zivilisation – einem „rei-

Magie bedeutet „den Umgang, den Austausch und die Beherrschung höherer, überweltlicher Mächte"

Magie beinhaltet aber auch „die Beherrschung niederer Sphären der verborgenen Naturkräfte"

feren" Bewußtsein weichen muß. Letzteres zeichnet sich durch Anerkennung einer vom eigenen Denken unabhängigen Realität und durch Einsicht in die Grenzen der eigenen geistigen Einflußmöglichkeiten aus.

Aber ist diese rationale Bewußtseinsform, auf die die meisten von uns so stolz sind, „der Weisheit letzter Schluß"? Bedeutet die Anerkenntnis der „realistischen" Rahmenbedingungen unserer Existenz nicht eine subtile Erniedrigung, ja eine Kränkung für geistige Wesen, wie wir sie alle im Innersten sind? Gibt es keine Möglichkeiten, sich über die „niedere Materie" zu erheben?

Ein „Erwachsenenbewußtsein" ist gleichbedeutend mit der Kapitulation des schöpferischen Geistes vor der materiellen Realität

Göttern, Engeln und Heiligen wird seit jeher in vielen Kulturkreisen die Macht zugestanden, die Materie nach ihrem Willen zu verändern. Hochentwickelten Yogis werden sidhis, „übermenschliche" Kräfte nachgesagt, etwa die Fähigkeit, sich vom Boden zu erheben, Gegenstände zu materialisieren und zu dematerialisieren oder gar selbst vorübergehend unsichtbar zu werden. Schenkt man diesen Berichten Glauben, so wären „magische Kräfte" nicht Kennzeichen „niederer" Ebenen des menschlichen Bewußtseins, sie wären vielmehr „höhere" Fähigkeiten, die der Mensch auf dem Entwicklungsweg vom (intellektuellen) Bewußtsein zum Überbewußtsein erst nach und nach erlangen müßte.

Magische Kräfte muß man sich erarbeiten

Esoterische Berichte über „geistige Welten" (Jenseitsebenen, in die wir nach unserem Tod gelangen können) berichten mit großer Übereinstimmung über „magische" Fähigkeiten, die Bewohnern dieser Regionen wie selbstverständlich zu Gebote stehen. Wie Bastian in Michael Endes „Unendlicher Geschichte" haben die „Jenseitigen" die Kraft, ihre Gedanken augenblicklich in Realität zu verwandeln. Welch eine Verheißung!

Und ist die Tatsache, daß Kinder oft noch an einem „magischen Bewußtsein" festhalten, nicht vielmehr darauf zurückzuführen, daß sie mit einem Teil ihres Bewußtseins noch mit einer „geistigen Welt" in Verbindung stehen, die sie erst vor kurzer Zeit verlassen haben? Eine Spekulation, die immerhin des Nachdenkens wert ist!

Auch unsere „grobstoffliche" Welt, das muß betont werden, kennt Möglichkeiten, die Materie durch die Vollmacht des Geistes zu gestalten: Hat die Wissenschaft eigentlich schon vollständig ergründet, aufgrund welcher Vorgänge im Grenzbereich von Psyche und Physis wir imstande sind, die Hand hochzuheben, nur weil wir uns zuvor vorgestellt haben, es zu tun? Die Biologiebücher meiner Schulzeit waren zumindest über die Ursache der Muskeltätigkeit aufgrund von bloßer Willensentscheidung des Geistes ratlos. Es bleibt, auch wenn es die Wissenschaft nie so bezeichnen würde, letztlich ein „magischer" Vorgang.

Ist es Magie, wenn viele häßliche Gedanken einem Gesicht schließlich verkniffene Züge verleihen?

Wie kommt es, daß unsere Gedanken erkennbar dazu in der Lage sind, die Züge unseres Gesichts zu formen. Über Jahre gehegte gehässige und „verkniffene" Gedanken werden die entsprechenden Muskeln des Gesichts übermäßig aktivieren und tiefe Furchen in die Gesichtslandschaft eingraben. Die Folge kann ein häßliches Gesicht sein. Andererseits können eine Vielzahl „schöner" und „edler" Gedanken einem Gesicht jugendliche, harmonische, manchmal geradezu erleuchtete Züge verleihen – und zwar ganz unabhängig vom biologischen Alter.

Die Anwendung von Magie braucht Zeit

In der selben Weise wie unser Gesicht können wir nicht zuletzt auch unser Leben nach unseren Gedanken und Vorstellungen formen. Ein in seinem Wesen „magisch" zu nennender Vorgang. Unmerklich und unspektakulär gestaltet sich dieser Prozeß nur aufgrund der zeitlichen Verzögerung, mit der sich Gedanken auf unserer Realitätsebene materialisieren. Im Vergleich mit den erwähnten Berichten über die „jenseitige Welt", wo sich Gedanken unmittelbar verwirklichen können, tritt in der diesseitigen Welt also der Faktor „Zeit" stärker in den Vordergrund. Es ist, als müsse sich der Gedanke erst mühsam seinen Weg durch den groben, zähen Stoff der irdischen Daseinsbedingungen bahnen.

Magie, so das Fazit dieser Überlegung, ist möglich, ist eine Fähigkeit, die in jedem von uns steckt. Wir müssen hierzu nur zwei Regeln im Auge behalten:

1. Nicht ungeduldig werden, denn die Mühlen der materiellen Realität mahlen langsam.
2. Wenn wir lernen unsere Kräfte zu konzentrieren und die Macht, die unseren Gedanken schon immer innewohnt, bewußt zu nutzen, können wir Geschwindigkeit und Durchschlagskraft unseres magischen Tuns zumindest erheblich steigern.

Ist der Glaube an die unbeeinflußbare, felsenfest in sich ruhende Natur der materiellen Wirklichkeit nicht lediglich ein Kennzeichen unseres wissenschaftlichen Zeitalters? Und ist das von Vernunft und „Beweisen" beherrschte Weltbild nicht historisch noch ganz jung und in seiner Erkenntnisfähigkeit höchst begrenzt? Dieser Abschnitt der Geistesgeschichte, so scheint es, neigt sich langsam, aber unaufhaltsam seinem Ende zu. Das Interesse am „Übernatürlichen", mag man es „Spiritualität", „Mystery" oder „Esoterik" nennen, ergreift explosionsartig immer breitere Bevölkerungsschichten.

Dementsprechend greifen Anzeichen „magischen" Denkens in verschiedenen Bereichen unseres geistigen Lebens um sich. In populären Ratgebern des „positiven Denkens" (beispielsweise bei Dale Carnegie) oder des Neurolinguistischen Programmierens

Der menschliche Geist beginnt sich aus der Umklammerung durch das wissenschaftliche Weltbild zu lösen, will eine Reduzierung seiner Möglichkeiten auf das rein Rationale nicht länger hinnehmen und die ganze Tiefe seines vielschichtigen Wesen erforschen

Magie bringt Farbe in unser Leben

(NLP) wird gern darauf hingewiesen, daß gemäß dem Evangelium „der Glaube Berge versetzen könne". Die bloße lebhafte Vorstellung von dem, was sein könnte, solle unmittelbar zur Verwirklichung des Vorgestellten in der konkreten Realität führen.

Esoterische Disziplinen wie der Umgang mit Düften und Farben, Mondastrologie und andere, die in diesem Buch behandelt werden, sind ein farbiger, gefühl- und phantasievoller Protest gegen die Dominanz der Grautöne in unserem Leben.

Vorsicht vor schwarzer Magie!

Schwarze Magie, der mächtige Schattenwurf der positiven Weißen Magie, kann zur Begegnung mit jenen Mächten führen, die wir im Faust symbolisch in der Gestalt des „Teufels" verkörpert finden. Daher ist es wichtig, sich die folgenden Warnhinweise zu Gemüte zu führen.

Kritische Fragen zum Thema „Magie"

Wo überschreite ich die Grenze zur „schwarzen Magie"?

Die in diesem Buch beschriebenen Rituale und Tips zur Erreichung von Lebenszielen sollten auf keinen Fall dazu verwendet werden, anderen Menschen Schaden zuzufügen oder in ihr Recht auf freie Selbstbestimmung einzugreifen. Das Verbot von „Schadenszauber" gilt auch dann, wenn das Opfer eines mit solchen Absichten durchgeführten Rituals seine Strafe nach Ihrer Ansicht „verdient" hat.

Sind „egoistische" Wünsche, die jedoch niemandem schaden, bereits „Schwarze Magie"?

Allgemein nein, obwohl jedes magische Tun der Durchsetzung des eigenen (menschlich fehlbaren) Willens einen hohen Stellenwert einräumt. Viele würden schon hier von „Hybris" oder „Selbstüberhöhung" sprechen, da der Mensch sich nicht mehr passiv dem Willen, der Gnade Gottes hingibt. Als „schwarz" würde ich das bloße magische Bemühen um Erfolg und Reichtum jedoch nicht bezeichnen.

Wichtig ist hier, daß die Absichten im „weißen" oder zumindest „hellgrauen" Bereich bleiben

Ich werde bei der Darstellung einzelner Rituale unter der Rubrik „Besonderheiten" immer wieder bestimmte Grundregeln in Erinnerung bringen, etwa: Der errungene Erfolg darf anderen Menschen nicht schaden, nicht auf ihre Kosten herbeigeführt werden. Er sollte zumindest teilweise dem Wohl der Allgemeinheit zugute kommen und die eigene spirituelle Entwicklung im positiven Sinne voran bringen.

Einen Grenzbereich stellen mit Sicherheit scheinbar „gutgemeinte" Wünsche wie dieser dar: „Ich möchte, daß Sandra, in die ich verliebt bin, meine Freundin wird und mit mir ins Bett geht". Dies stellt einen vereinnahmenden Übergriff auf Sandras Recht auf Selbstbestimmung dar. Bitten Sie bestenfalls darum, daß etwas zum Ausbruch kommt, das schon lange im Verborgenen in Sandras Herzen schlummert. Die Freiheit der Seele, sich nach ihren eigenen Gesetzmäßigkeiten und Bedürfnissen zu entfalten, gehört zu den wertvollsten und heiligsten Gütern. Wenn es nicht auf Sandras Weg liegt, eine sexuelle Partnerschaft mit Ihnen einzugehen, so haben Sie dies zu akzeptieren, selbst wenn es weh tut. Bitten Sie darum, daß das geschieht, was für Sie und für Sandra das Beste ist. Wenn Sie ein Gebet aussprechen möchten, so kann es hier nur lauten: „Nicht mein, sondern Dein Wille geschehe!"

Denken Sie bei Magie immer daran, daß es heißt: eine böse Tat fällt stets auf den Täter zurück

Mit der Beachtung dieser Spielregeln tun Sie in erster Linie auch sich selbst einen Gefallen. Die meisten Religionen kennen bekanntlich ethische Gesetze, die besagen, daß eine böse Tat stets auf den Täter zurückfällt. Das bekannteste Beispiel hierfür ist das Gesetz des Karma.

Soll ich bei meinen magischen Ritualen „höhere Wesen" zur Hilfe rufen?

Allgemein können Sie sich entscheiden, ob Sie erstens allein Ihren eigenen Kräften vertrauen oder sich zweitens um die Hilfe von Wesen einer „höheren Ordnung" bemühen, an deren Existenz Sie glauben. Die erste Variante birgt die Gefahr der Selbstüberschätzung, die zweite kann leicht zu bloßer Spekulation und zu herben Enttäuschungen führen. Wenn Sie Hilfe in erster Linie von außen beanspruchen, bewegen Sie sich eigentlich nicht mehr im Rahmen eines „magischen", sondern vielmehr eines „mythischen" Bewußtseins, wie es der Pionier der Bewußtseinsforschung, Ken Wilber, nennt.

Ruft man Götter zu Hilfe, bewegt man sich im mythischen Bereich

Damit ist beispielsweise die Bewußtseinshaltung der Alten Griechen gemeint, die ihre Götter um Hilfe anriefen. Oder die christliche Vorstellung von Heiligen, die auf Bitten der Gläubigen hin für deren Interessen „einspringen". Die moderne Esoterik hat eine Renaissance des „mythischen Bewußtseins" hervorgebracht – mit Anrufungen von Engeln, Außerirdischen, „aufgefahrenen Meistern", Verstorbenen etc. Über die Existenz dieser Wesen möchte ich aus meiner „Froschperspektive" kein abschließendes Urteil abgeben. Die Rituale dieses Buches basieren aber überwiegend auf der Aktivierung eigener, menschlicher Kräfte zur Erreichung bestimmter Ziele. Als Ansprechpartner verwende ich, wenn überhaupt, nur „Gott" als Bild für die schöpferische Urkraft, als Quelle aller göttlichen und lichtvollen Kräfte des Universums. Oder ich wende mich an meinen „inneren Führer", mein „Höheres Selbst",

Der innere Führer stellt den Lehrplan des Lebens auf

das nach meiner Auffassung den „Lehrplan" meines Lebens aufgestellt hat und seine Durchführung liebevoll überwacht. Es vermag diesen „Plan" nicht zuletzt auch zum Besseren zu ändern, wenn es mir gelingt, mit ihm in respektvollen Kontakt zu treten.

Wozu Rituale?

Rituale sind ein Versuch, den ungegliederten Zeitstrom mit Hilfe einprägsamer Schwellenerlebnisse in klar unterscheidbare Abschnitte zu unterteilen

Rituale haben unser aller Leben mehr oder weniger stark geprägt. Der Mensch erfand sie, so scheint es, weil er die endlose, gleichförmig ablaufende Zeit nicht ertragen konnte. Durch das Ritual der Hochzeit vollziehen wir den Übergang vom Zustand „Unverheiratet" in den Zustand „Verheiratet". Dies sind zwei gefühlsmäßig aber auch juristisch getrennte Bereiche. Am Beginn unseres Lebens steht meist das Ritual der Taufe, an seinem Ende das der Beerdigung. Große, oft reichlich pompöse Rituale markieren somit vor allem die Bruchstellen, Übergänge und Initiationserlebnisse unseres Lebens.

Darüber hinaus gibt es aber auch die unzähligen kleinen Rituale des Alltags, die wir normalerweise gar nicht als solche bezeichnen. Beispiele: Vor dem Essen fassen sich alle Mitglieder von Huberts Familie stets an den Händen und rufen im Chor „Piep, piep, wir haben uns alle lieb"; vor dem Einschlafen geht Hubert regelmäßig noch einmal auf die Toilette, auch wenn er gar nicht muß, löscht das Licht, schließt das Fenster, berührt das Holzkreuz, das über seinem Bett hängt, küßt seine Frau auf die Wange und sagt (stets in diesem Wortlaut): „Gute Nacht, Schnuckelchen". Würde er einmal nur im Geringsten von diesem Ablauf abweichen, so würde seine Frau das beunruhigende Gefühl haben, etwas sei nicht in Ordnung. Das Ritual spendet Geborgenheit, garantiert Überschaubarkeit, Verläßlichkeit in einer immer verwirrender werdenden Lebensumwelt.

Rituale arbeiten mit der Sprache der Symbole

Ein anderer Nutzen von Ritualen ergibt sich aus psychologischen Überlegungen. Rituale übersetzen einen rein geistigen Vorgang in jene Sprache, die dem Unbewußten am Geläufigsten ist: Die Sprache der Symbole. Das spirituelle Ereignis „Erleuchtung" wird beispielsweise durch den materiellen Akt „Entzünden einer Kerze" ausgedrückt. Wir können so mit Hilfe von Ritualen tiefe, manchmal unauslöschliche Spuren in demjenigen Teil unserer Seele hinterlassen, der bevorzugt auf Bilder und Emotionen reagiert. Wenn wir es richtig anstellen, arbeiten die unbewußten Kräfte unseres Wesens nunmehr für uns und nicht gegen uns. Willentliche und unbewußte Anteile „ziehen an einem Strang", weil Erleuchtung nun über den abstrakten Begriff hinaus für uns auch greifbare, bildliche Bedeutung hat.

Rituale leben vom Prinzip der „Ewigen Wiederkehr des Gleichen". Wenn wir jahrhundertealte Rituale vollziehen – etwa das Abendmahl der christlichen Kirchen –, so verbinden wir uns gleichsam mit den Millionen Menschen, die den selben Ablauf vor uns vollzogen haben.

Gibt es bei Ritualen auch „Gegenanzeigen", ähnlich den Warnungen, die im Zusammenhang mit Magie ausgesprochen wurden?

Rituale enthalten die Gefahr des Mißbrauchs, wenn sie Menschen etwa von mächtigen Institutionen oder Vereinen aufgezwungen werden. Etwa, um den zuvor „freien" Einzelnen durch das Gelöbnis absoluter Treue und bedingungslosen Gehorsams an die Ideale jener Gemeinschaft anzubinden. Solche Rituale, wie sie bei Sekten, Burschenschaften, geheimen Gesellschaften, politischen Institutionen in Diktaturen oder beim Militär üblich sind, zielen nicht auf Befreiung ab. Sie sind im Gegenteil dazu da, das Verhalten jedes einzelnen auf das den Zielen der Gemeinschaft dienliche Minimum einzuschränken. Selbst „harmlose" Rituale wie der Beamteneid, die Liturgie in der Kirche oder das lärmende „Die Krüge hoch!" in Bierzelten, enthalten noch einen unangenehmen Nachgeschmack des „Nicht-ganz-Freiwilligen". Sie ebnen individuelle Unterschiede der Gefühlsstimmungen und Glaubensgrundsätze eher ein. „Ihr" Ritual, sollte ganz und gar auf Freiwilligkeit beruhen. Sie sollten sich mit jedem seiner Schritte ganz und gar identifizieren können und kein Gefühl von Zwang oder lästiger Pflicht dabei spüren.

Auch sollten Sie es vermeiden, sich in den Glauben hineinzusteigern, ohne Ihr Ritual „nicht mehr leben zu können". Wenn Sie merken, daß Phantasien von „Unglück" oder „Bestrafung" in Ihnen hochkommen, sobald Sie Ihr Ritual einmal versäumt haben, sollte bei Ihnen die Alarmglocke läuten. Sie befinden sich dann auf dem schlüpfrigen Boden der Zwangsgedanken und Zwangsrituale. Diese ins Negative und Absurde gewandelte Abart des Rituals ist in der Psychotherapie wohl bekannt und vielfach untersucht worden.

Häufig in der selben Weise ausgeführte Handlungen besitzen eine geradezu „magnetische" Kraft, die mit jeder Wiederholung zuzunehmen scheint

Rituale helfen, sich innerlich auf eine Arbeit einzustellen

Rituale dürfen nicht erzwungen und nicht zu Zwangshandlungen werden

Was Sie schon immer über Ritualkerzen wissen wollten ...

Farbe, Funktion, Material

Nachdem wir viel über die Symbolik der Kerze gehört haben, ist es nun an der Zeit, uns ihrem materiellen Aspekt zuzuwenden. Welche Art von Kerzen benötigen wir für die geplanten Rituale? Ist bei der Wahl von Material, Farbe und Form Besonderes zu beachten?

Nun, obwohl wir es bei Magie mit der Nutzung geistiger Kräfte zu tun haben, ist es nicht empfehlenswert, die materielle Seite zu ignorieren. Es ist eben nicht gleichgültig, ob Sie statt Wachskerzen eine elektrische Lichterkette auf Ihrem Altar plazieren oder sich das ganze Ritual lediglich vorstellen (in der irrigen Auffassung, Sie bräuchten den Umweg über die Welt der materiellen Formen nicht zu gehen).

Sorgfalt und liebevolle Anteilnahme sollte uns bei der Auswahl der Kerzen leiten

Wenn Sie schon bei der Auswahl der verwendeten Kerzen Sorgfalt und liebevolle Anteilnahme walten lassen, geben Sie Ihren magischen Werkzeugen schon von Anfang an Energie und schaffen eine innere Verbindung zwischen Gegenstand und Benutzer. Indem Sie keine Billig- und Massenware kaufen, setzen Sie ein Zeichen gegen Gleichgültigkeit und Wegwerfmentalität. Sie geben schon von Anfang an das Signal: „Mein Kerzenritual ist mir Geld und Mühe wert".

Andererseits sollte das Kerzenritual kein Privileg für Reiche sein. Es ist ja gerade in der Magie von entscheidender Bedeutung, daß hier eine andere Form von „Macht" im Spiel ist als die, die wir gewöhnlich im gesellschaftlichen Leben antreffen und die auf Gewalt, Geld, Einfluß oder Charisma beruht. Magie sollte jedem zugänglich sein, der seine Kräfte zu bündeln und zu konzentrieren weiß und verantwortlich mit ihnen umzugehen bereit ist. Beachten Sie also bitte als Grundregeln: Ihr Material sollte so beschaffen sein, daß Sie sich mühelos mit ihm identifizieren können. Es sollte, gemessen an Ihren finanziellen Möglichkeiten, einen gewissen Wert darstellen, ohne Sie zu überfordern oder Ihr Vorhaben gar zu vereiteln.

Finden Sie heraus, wo sich in Ihrer unmittelbaren Umgebung ein Fachgeschäft befindet, das über eine ausreichende Auswahl verschiedener Kerzenarten und -Farben verfügt. Am besten haben Sie von den gebräuchlichsten immer einen kleinen Vorrat zu Hause. Sie müssen nicht für jedes Ritual eine neue Kerze verwenden (eine Ausnahme bilden hier, wie wir noch sehen werden, die Opferkerzen). Achten Sie aber darauf, daß Ihre „Kultgegenstände" mit Sicherheit bis zum Ende des geplanten Rituals „durchhalten".

Materialien

Bienenwachs gilt immer noch als das edelste und reinste Material. Wegen seines warmen und natürlichen Duftes und seiner langen Tradition eignet es sich besonders, um herausragenden Feierlichkeiten – etwa der Ehrung eines Verstorbenen – den gebührenden Glanz zu verleihen. Man sollte allerdings abwägen, daß Sie bei vielen Ritualen Kerzen in besonderen Farben benötigen und daher mit dem stets einheitlich goldgelben Bienenwachs zu wenig flexibel sind.

Paraffin ist das gebräuchlichste Wachs und somit Grundstoff „moderner" Kerzen, wie Sie sie etwa in Supermärkten und Geschenkläden erhalten. Der Schmelzpunkt liegt in der Regel bei 56–58 Grad.

Stearin ist ein weißes Fettgemisch, das in vielen Kerzen dem Paraffin beigemischt wird. Dabei entfallen auf das Stearin etwa 10% der Gesamtmasse. Bei der Kerzenherstellung sorgt Stearin dafür, daß sich die abgekühlte Kerze leichter aus ihrer Form löst. Beim Färben wird der Stoff zunächst dem Farbstoff beigemischt, was dessen Verschmelzung mit dem Paraffin erleichtert.

Formen

Im Handel gibt es zahlreiche attraktive und witzige Kerzenformen. Äpfel und Blumen oder gar kleine Tierstatuen sind häufig auf Weihnachts- und Stadtteilmärkten erhältlich. Darunter auch manche kleine Kunstwerke. Möchten Sie Ihre Kerzen selbst herstellen, so finden Sie im Fachhandel ebenfalls eine Fülle verschiedenartiger Gußformen. Je komplizierter eine Form, desto schlechter ist jedoch oft ihre Brenneigenschaft. Dochte ertrinken in angesammelten „Wachs-Seen", filigrane Verzierungen knicken ab, und „Wanddurchbrüche" geben den Weg für ein beständig abfließendes Rinnsal flüssigen Wachses frei, das auf Ihrer Tischdecke wie in Tropfsteinhöhlen pittoreske „Gesteinsformationen" bildet. Solche Mätzchen können Ihre Aufmerksamkeit beim Ritual ungebührlich auf sich lenken. Die reine, klare Form der zylinder- beziehungsweise säulenförmigen Kerze ist der Konzentration auf das Wesentliche in der Regel förderlicher.

Reine klare Formen dienen der Konzentration

Die spezielle Denkweise der Esoterik würde es nahelegen, daß Sie Form und Gestalt Ihrer Kerze auch dem „Wesen" Ihres durch das Ritual ausgedrückten Vorhabens anpassen. So könnten Sie beispielsweise eine (an Ostern erhältliche) „Eierkerze" für Rituale zur Förderung von Fruchtbarkeit, auch – im übertragenen Sinn – für „fruchtbringende" geschäftliche Unternehmungen verwenden.

Erstaunlicherweise nimmt diese Art der Formenlehre in älteren Darstellungen der Kerzenmagie keinen Raum ein; jedenfalls scheint ihr im Vergleich zur Farbenlehre eine eher untergeordnete Bedeutung beizukommen. Als Ratschlag kann man also abschließend sagen: Wer sich bei der Wahl der Formen nicht viel denkt, tut generell nichts Falsches. Wer seinem Ritual durch die Wahl einer bestimmten Form (beispielsweise Pyramide, Kugel) jedoch noch einen zusätzlichen „Kick" verleihen möchte und sich tatsächlich intensiv in die Bedeutung der gewählten Form hineinvertieft, der sollte sich nicht davon abhalten lassen.

Kerzen gibt es in allen denkbaren Formen; für die Kerzen-Magie werden klare Formen bevorzugt

Für die Qualität der magischen Handlung spielt die Form der Kerze keine Rolle

Farben

Farben haben, wie schon angedeutet, eine ausschlaggebende Bedeutung für Ihr Ritual. Sie sind ein wesentlicher Teil des „Gesamtkunstwerks", das Sie mit dem Aufbau des Altars und der Ausgestaltung der Zeremonie erschaffen möchten.

Ein Grund dafür liegt in der mittlerweile auch wissenschaftlich erwiesenen Wirkung von Farben auf das menschliche Unbewußte. Es kann kaum mehr in Zweifel gezogen werden, daß Schwarz und Grau eine eher „depressogene" Komponente enthalten, während das Grün von Wäldern und Wiesen beruhigt und die Seele mit Gefühlen von Frische und Hoffnung auflädt. Manche Sanatorien machen sich dieses Wissen bereits zunutze und bevorzugen Grün und Himmelblau als Farbanstrich in Krankenzimmern. Auch gibt es alternative Therapieformen, die dem Einsatz von Farben zentrale Bedeutung für die Heilung der betreffenden Krankheiten zuweisen. So etwa die Aura-Soma-Therapie oder die Farbakupunktur. Grundlage dieser therapeutischen Ansätze ist die Annahme, daß jede Farbe eine bestimmte „energetische Botschaft" in sich trägt und somit auf das energetische Gesamtsystem „Mensch" eine starke Wirkung ausüben kann.

Von animalisch bis intellektuell: die Farben der sieben Chakren

In der traditionellen östlichen Esoterik, die in Indien ihre Urheimat hat, spielt ferner die Lehre von den sieben Chakren und den ihnen zugeordneten Farben eine große Rolle. Die sieben Chakren sind Hauptenergiezentren des feinstofflichen Körpers, die auf einer Längsachse entlang der Wirbelsäule wie Perlen auf einer Kette aufgereiht sind. Sie entsprechen den verschiedenen Wesensschichten des Menschen: angefangen von den „unteren", triebhaft-animalischen Anteilen (Wurzelchakra), bis hin zu den „oberen" spirituellen Bereichen, die die Verbindung zum Göttlichen herstellen (Kronenchakra). Den sieben Chakren sind sieben Farben zugeordnet, die das Farbenspektrum von Rot (unten) über Orange, Gelb, Grün (Rosa), Hellblau, Indigo bis Violett durchlaufen. Wenn man möchte, kann man hier von einer Hierarchisierung der Farben sprechen, denn die „unteren" Farben entsprechen den in der Evolution früher auftretenden „primitiveren" Körper- und Seelenregungen; die „oberen" Farben repräsentieren dagegen die bewußten, intellektuellen, ja sogar die „überbewußten" gottähnlichen Anteile des Menschlichen.

Lassen Sie bei der Farbwahl Ihren Impulsen freien Lauf

Ich denke, wir sollten dennoch alle Farben als gleichwertig behandeln, denn jede hat ihre spezifische Bedeutung und Schönheit; ebenso wie alle Bestandteile des menschlichen Wesens ihren Sinn und ihre Berechtigung haben und nur durch ihr harmonisches

Zusammenspiel den „ganzen Menschen" ergeben. Manchmal ist es ganz einfach wichtig, seinen Triebimpulsen („rot") freien Lauf zu lassen, Entscheidungen „aus dem Bauch heraus" („gelb") zu treffen oder mit dem Herzen zu sprechen („grün/rosa"). Ebenso hat die Verwendung der entsprechenden Farben ihre Berechtigung, wenn im Ritual Lebensbereiche angesprochen sind, die mit den Domänen der unteren Chakren korrespondieren. Und seien wir ehrlich! Betreffen viele unserer dringendsten Anliegen nicht viel eher die „niederen" Bereiche der erotischen Erfüllung oder der „schnöden" materiellen Bereicherung als die in höhere Sphären schwebenden „violetten" Bereiche?

Bedenken wir auch, daß im Farbenspektrum violett und rot unmittelbar benachbart sind, und daß sich somit in der Verbindung des „Untersten" mit dem „Obersten" der Kreis schließt.

Ein weiteres wichtiges Kriterium bei der Auswahl der Kerzenfarben sind die kulturell bedingten Klischees und Assoziationen, die gemeinhin mit Farben verbunden werden. Halten wir uns nur die zahlreichen volkstümlichen Redewendungen vor Augen, in denen Vorurteile über Jahrhunderte konserviert werden: „die rosarote Brille", „Schwarzweißmalerei", „ein rotes Tuch", „der graue Alltag", „ich bin dir nicht grün", „blauäugig", „Morgenstund hat Gold im Mund". Politik („schwarz", „rot", „grün", „braun") und Werbung („lila") tragen das ihre zur Prägung von automatischen Assoziationen bei, die im Unbewußten der Menschen beinahe unauslöschlich verankert sind. Manchmal stimmen die kulturell bedingten Klischees mit den Erkenntnissen der Farbpsychologie überein – besonders deutlich ist dies bei der gedanklichen Verbindung von „Schwarz" und „Traurigkeit"; manchmal besteht auch ein Widerspruch zwischen der (positiven) Ausstrahlung einer Farbe und ihrer (negativen) Verwendung in der Redewendung: „gelb vor Neid". In manchen Fällen dürften anatomische Beobachtungen für die Farbwahl ausschlaggebend gewesen sein: „grün und blau schlagen", „weiß im Gesicht", „rot werden".

Es mag für den Leser zunächst verwirrend sein, aber es ist wichtig bei der Auswahl der Kerzenfarben alle drei genannten Faktoren im Auge zu behalten: Farbpsychologie, traditionelle esoterische Zuordnung und kulturelle Prägungen. Mit ein wenig Übung können Sie dann mehr und mehr Ihre Intuition walten lassen:

Mit Farben verbinden sich viele Assoziationen

Kriterien der Farbwahl: traditionelle esoterische Zuordnung, Farbpsychologie, kulturelle Prägung und Intuition

Ihr Weg zur richtigen Farbwahl

Werden Sie sich darüber klar, welcher Lebensbereich von Ihrem geplanten Ritual betroffen ist. Auf den folgenden Seiten finden Sie einige Abschnitte und Tabellen, die bei der Auswahl helfen.

Überlegen Sie nun, welche Wirkung die gewählte Farbe erfahrungsgemäß auf Sie persönlich ausübt. Wenn Sie eine Farbe absolut nicht ausstehen können oder diese Sie in Ihrer Konzentrationsfähigkeit beeinträchtigt, wählen Sie eine andere Farbe, die „zweitbeste", die dem angestrebten Ziel noch am ehesten entspricht. Im Zweifelsfall können alle Farben durch Weiß ersetzt werden, das durch Addition der Lichtfrequenzen aller anderen Farben entsteht. Verfahren Sie ebenso, wenn Ihnen eine Farbe aufgrund von kulturell bedingten Vorurteilen suspekt ist.

Farben und ihre Bedeutung

Rot
Bedeutung: Energie, Leidenschaft, Erregung, Liebe mit sexuellem Charakter, Aggression, Kampf, Krieg.
Assoziationen: Wurzelchakra (Sexualchakra), Element Feuer, Blut, Fleisch, „rotes Tuch", „rote Karte", „rote Ampel", Signalfarbe, Farbe der Hervorhebung und der Korrektur (Rotstift), „roter Faden", „roter Planet" (Mars), „Rotlichtmilieu", „linke" politische Einstellung.
Anwendungsgebiete: Zuwachs und Energie, Durchsetzen von Zielen, Sieg in Konflikten, Anliegen im Bereich Sexualität und Liebe.

Orange
Bedeutung: Aufmunterung, Freude, Wärme, Kraft, Lebenswille, Selbstvertrauen, Stolz.
Assoziationen: 2. Chakra („Hara"), Element Feuer, Orange, Tiger, Kleidung buddhistischer Mönche.
Anwendungsgebiete: Stärkung des Lebenswillens und der Lebensfreude, des Selbstvertrauens. Erringen von Erfolgen im Sinne einer Bestätigung der eigenen Kraft und Persönlichkeit, was weniger materiell (grün) oder sexuell (rot) zu verstehen ist.

Gelb
Bedeutung: Heiterkeit, Helligkeit (auch geistig), Klarheit, Intelligenz, Wissen, Kommunikation, Freiheit.
Assoziationen: Nabelchakra, Sonne, Licht, Gold, „gelb vor Neid", ungesunde Gesichtsfarbe, Gelbsucht.

Anwendungsgebiete: Gemütsaufheiterung (antidepressive Wirkung), Gewinnen geistiger Klarheit, Förderung von Projekten, die mit Intellekt, Geist und Kommunikation zu tun haben.

Grün
Bedeutung: Hoffnung, Erneuerung, Wachstum, Lebendigkeit, Fruchtbarkeit, Wohlstand, Ruhe, Gelassenheit, Heilung.
Assoziationen: Herzchakra, Natur (Wiesen, Bäume), „grüner Daumen", Frühling, Jugend („grün hinter den Ohren"), „grünes Licht geben".
Anwendungsgebiete: Seelische Erneuerung nach Rückschlägen beziehungsweise jede Art von Neuanfang; materieller Gewinn, Reichtum; Genesung nach Krankheiten, Heilung (des Körpers und der Seele), Erlangen von Seelenfrieden.

Rosa
Bedeutung: Empfindsamkeit, Zärtlichkeit, Liebe als Angelegenheit des Herzens, Hingabe, Träume.
Assoziationen: „rosarote Brille", „auf rosa Wolken schweben", „Mädchenfarbe", „Kitsch".
Anwendungsgebiete: Vertiefung, Bewahrung von Liebesgefühlen im eher sanften, seelischen Bereich, Förderung der Freundschaft, Steigerung der Genuß- und Aufnahmefähigkeit gegenüber feinen Stimmungen und Schwingungen, Loslassen vom „grauen Alltag" und Schaffung einer ästhetischen, innerlichen Gegenwelt.

Blau
Bedeutung: Wahrheit, Gerechtigkeit, Treue, Gelassenheit, Friede, allumfassende Liebe, Weite.
Assoziationen: Hals- (hellblau) und Stirnchakra (indigoblau). Wasser und alles Flüssige, Luft, Kälte, „Blues" (Melancholie), blaues Blut, „blau" (betrunken) sein.
Anwendungsgebiete: Erweiterung des geistigen Horizonts, Förderung des Persönlichkeitswachstums, Eindämmung („Kühlung") zu heftiger Leidenschaften, Suche nach Gerechtigkeit in Streitfällen.

Violett
Bedeutung: Mystik, Spiritualität, Inspiration, Verzauberung, Meditation, Erleuchtung.
Assoziationen: Kronenchakra, Kleidung von Priestern (kath.).
Anwendungsgebiete: Förderung der spirituellen Suche und Entwicklung, Ermöglichen von „Erleuchtungs"-Erfahrungen, Überschreitung von Grenzen des Alltagsbewußtseins, Fortschritte bei

der Meditation und verwandten Techniken, Kontaktaufnahme zum „Göttlichen" in der Außenwelt und in uns selbst.

Schwarz

Bedeutung: Trauer, Depression, Angst, Würde, Askese, Leere, Tod, Nichts.
Assoziationen: Trauerkleidung, Trauerrand u. ä. , Weltall, Priester (evangelisch), Rabe, der „Schwarze Mann", ein „schwarzer Tag", „Schwarzweißmalerei", Schachspiel, „Schwarze Magie".
Anwendungsgebiete: Förderung von Würde und Ernsthaftigkeit, Verstärken von Trauergefühlen zum Zwecke der „Katharsis" (Reinigung), Bewußtwerdung des „Nichts" als Stunde Null und Keimzelle eines möglichen neuen Anfangs, Gewahrwerden der „Leere" als Zustand des Friedens.

Weiß

Bedeutung: Reinheit, Unschuld, Verletzlichkeit, Erlösung, Licht, Friede, Wahrheit, Einfachheit, Spiritualität.
Assoziationen: Schnee, Schneewittchen, „weiße Weste", Novizinnen-Tracht, Engel, Wolken, edel, ätherisch, „feinstofflich", Gespenster und Geistwesen, weiß (blaß) im Gesicht, „blutleer" (kraftlos), Vornehmheit (Adel).
Anwendungsgebiete: Reinigung der inneren und äußeren Welt bei Gefühlen der „Beschmutzung", Klärung und Vereinfachung von Sachverhalten bei Empfindung von Konfusion, Erlangung von tiefem inneren Frieden. Streben nach Gnade und Erlösung bei Schuld- und Versagensgefühlen, Kontaktaufnahme zu den Lichtkräften im Innen und Außen.

Kerzen selbst herstellen

Wer genügend Zeit hat, kann seine Kerzen selbst herstellen – die anderen sollten sie ruhig im Laden kaufen

In einigen esoterischen Schulen wird empfohlen, daß jeder „Magier" die zur Durchführung seines Rituals notwendigen Gegenstände selbst herstellen solle. Der Vorteil besteht darin, daß der Einzelne durch die aufgewendete Mühe eine besonders intensive Beziehung zu seinen rituellen „Werkzeugen" gewinnt. Er liefert nicht nur den „Beweis" dafür, daß ihm das angestrebte Ziel Zeit und Anstrengung wert ist; die Gegenstände werden auch nachhaltig mit der Energie ihres Schöpfers aufgeladen und bleiben auf diese Weise „magisch" mit ihm verschmolzen. Diese Argumente sind schlüssig, und niemandem, der daraus Freude und Sinn zu schöpfen vermag, sei die eigene Herstellung von Ritualkerzen verwehrt.

Da ich aber aus eigener Erfahrung weiß, wie flüchtig die Wirkung von Selbsthilfebüchern ist, die vor den Beginn des eigentlichen Vorgangs einen „Berg" von Schwierigkeiten und langwierigen Erledigungen auftürmen, möchte ich Vorbehalte anmelden. Viele Menschen in unserer Gesellschaft haben schlichtweg nicht die Zeit, sich spirituellen und mystischen Dingen mit großem Zeitaufwand hinzugeben. Die von mir angeregten Kerzen-Rituale sollen eine Insel des Friedens in einem von Hektik und Zerrissenheit beherrschten Alltag sein, keinesfalls aber selbst Streß und Zeitdruck produzieren.

Die Übertragung Ihrer persönlichen Energie auf die Kerzen kann wirksam durch die rituellen Vorgänge des Einsalbens (s. Seite 70) und der meditativen Konzentration auf die Gegenstände auf Ihrem Altar erfolgen. Hierfür ist es nicht unbedingt nötig, die Kerzen selbst herzustellen. Andererseits soll niemand, der den starken Wunsch dazu verspürt, davon abgehalten werden, sich „handwerklich" zu betätigen. Manchmal ergibt sich diese Notwendigkeit auch einfach, wenn keine Kerze in der erwünschten Farbe oder Form verfügbar ist.

Persönliche Energie kann durch den Vorgang des Salbens auch auf gekaufte Kerzen übertragen werden

Einige Methoden der Kerzenherstellung

Die Tauchmethode: Man braucht hierzu einen Docht, der ein Stück länger ist als die gewünschte Kerzenhöhe und ein Gefäß etwa in der Höhe des Dochtes mit geschmolzenem Wachs (ca. 85° C). Nun führt man den Docht – festgebunden an einem langen Stiehl – in das Wachs ein, zieht ihn wieder heraus und läßt das daran festklebende Wachs ca. 30 Sekunden lang hart werden. Man wiederholt den Vorgang mehrmals, so daß sich Schicht um Schicht des Wachses um den Docht legt – so lange, bis die gewünschte Dicke erreicht ist. Die Form gerät dadurch manchmal etwas unregelmäßig, was der Kerze aber den Reiz des Unverfälschten und „Rustikalen" verleihen kann.

Die Gußmethode: Das in einem Topf geschmolzene Wachs wird in eine vorbereitete Gußform eingefüllt, die es entweder in Fachgeschäften fertig zu kaufen gibt oder die aus einem zweckentfremdeten Gebrauchsgegenstand des Alltags besteht (Dosen, Gläser ...). Wichtig ist, daß sich das Gefäß hinterher gut vom Wachs ablösen läßt (Vorsicht bei Gläsern, die nach oben hin enger werden). Der Docht wird – am besten mit einer Polsternadel – eingeführt, solange das Wachs noch weich ist.

Färben von Kerzen: Wichtig ist hierbei, daß man spezielle Kerzenfarben verwendet. Man mischt sie in das bereits geschmolzene Wachs und füllt das Ganze in ein Gefäß, das tief genug ist, um die ganze Kerze in sich aufzunehmen. Dann taucht man eine weiße oder helle Kerze, die man am Docht festhält, solange, bis der gewünschte Farbton erreicht ist. Die ideale Temperatur hierfür ist 82–85° C.

Verschiedene Ritualkerzen

Wir unterscheiden vier Arten von Kerzen hinsichtlich ihrer Funktion im Ritual: Altarkerzen, Opferkerzen, Astrokerzen und Tageskerzen. In ihrer materiellen Beschaffenheit und Form müssen sich diese vier „Grundtypen" nicht unbedingt unterscheiden. Die Farbwahl sollte allerdings bewußt gemäß der oben beschriebenen Farbenlehre getroffen werden.

Altarkerzen
An den beiden hinteren Ecken des (rechteckigen) Altars werden stets zwei weiße Kerzen aufgestellt, die somit eine Art Rahmen für alle weiteren Altargegenstände bilden. Diese Funktion der Umrahmung kommt den Altarkerzen auch im zeitlichen Ablauf des Rituals zu, denn sie werden stets ganz am Anfang entzündet und ganz am Schluß gelöscht. Ihr praktischer Nutzen besteht zunächst darin, das Gesamtbild zu beleuchten, was vor allem dann wichtig ist, wenn keine andere Lichtquelle in Betrieb ist. Die Altarkerzen sind dann der erste Lichtfunke in der Finsternis – ein eindrucksvolles Bild von hoher symbolischer Kraft. Die Farbe weiß steht für die Atmosphäre der Reinheit, in der sich jedes Ritual vollziehen sollte.

Opferkerzen
Opferkerzen sind die wichtigsten Bestandteile des magischen Rituals. Sie sind symbolisch dem Thema der Zeremonie zugeordnet beziehungsweise dem Wunsch, um dessen Erfüllung Sie bitten. Daher wird ihre Farbe nach den weiter oben beschriebenen Methoden der symbolischen und assoziativen Farbdeutung (Seite 30-33) bestimmt. Opferkerzen sind stets ungefähr in der Mitte des Altars plaziert. Über ihre Zahl und Anordnung gibt es keine exakten Vorschriften, so daß sich hier ein gewisser Gestaltungsspielraum für Sie ergibt.

Astrokerzen
Wahrscheinlich kennen Sie Ihr astrologisches Sternzeichen (genauer gesagt: Sonnenzeichen) oder das jener Person, für die Sie Ihr Ritual durchführen. Bestimmen Sie nun anhand der nachfolgenden Tabelle die Farbe, die diesem Zeichen zugeordnet ist und wählen Sie eine entsprechend gefärbte Kerze. Die Astrokerze repräsentiert immer die Person, für die das Ritual gedacht ist. Ist Ihnen das Sternzeichen eines anderen Menschen einmal nicht bekannt, so wählen Sie am besten eine weiße Kerzen. Sie können in diesem Fall auch

seinen Namen in das Wachs einritzen. Die Astrokerze bildet oft den absoluten Mittelpunkt Ihres Altars und wird von den Opferkerzen umrahmt.

Sternzeichen	Farbe
Widder	rot
Stier	rot-orange
Zwilling	orange
Krebs	orange-gelb
Löwe	gelb
Jungfrau	gelb-grün
Waage	grün
Skorpion	grün-blau
Schütze	blau
Steinbock	blau-violett
Wassermann	violett
Fische	violett-rot

Tageskerzen

Tageskerzen müssen nicht bei jedem Ritual verwendet werden. Sie werden jedoch im Kapitel über Zeitbestimmung (Seite 51) lernen, daß der Wochentag, an dem Ihre magische Handlung stattfindet, nicht ohne Bedeutung ist. Wenn Sie für die Tageskerze diejenige Farbe wählen, die mit dem jeweiligen Wochentag symbolisch in Beziehung steht, so können Sie dem Ritual dadurch mehr Kraft verleihen. Entnehmen Sie die passenden Farben bitte der untenstehenden Tabelle:

Wochentag	Planet	Farbe
Sonntag	Sonne	gelb
Montag	Mond	weiß
Dienstag	Mars	rot
Mittwoch	Merkur	lila
Donnerstag	Jupiter	blau
Freitag	Venus	grün
Samstag	Saturn	schwarz

Ein Fest für alle Sinne

Was Sie sonst noch für Ihren Altar brauchen

Aus dem vorangegangenen Kapitel sollten Sie alles erfahren haben, was Sie zur Auswahl und Anschaffung von Kerzen als zentralen Bestandteil Ihres Rituals wissen müssen. Zu einem perfekten „Menü" gehören allerdings nicht nur ein „Hauptgericht", sondern auch „Beilagen" und das „Geschirr", auf dem das Ganze serviert wird. Wir müssen uns also über zusätzliche rituelle Gegenstände und über die Art Gedanken machen, wie diese mit den Kerzen zusammenwirken und auf dem Altar präsentiert werden. Außerdem geht es um einige Faktoren, die während Ihres Rituals für Atmosphäre sorgen und helfen, die für den Erfolg Ihres Vorhabens notwendige geistige „Gestimmtheit" zu erzeugen.

Sie werden vertrauter im Umgang mit den eigentlich schönsten Nebensachen der Welt – Düften, Blumen, Musik, symbolischen Gegenständen – und lernen, diese gleich einem Musikstück von klassischer Vollendung zu „komponieren".

Jedes Teil auf dem Altar sollte zum anderen passen, und zusammen sollten sie ein harmonisches Ganzes bilden

Lernen Sie, senkrecht zu denken!

Damit es nicht zu theoretisch bleibt, gleich ein Beispiel aus der Praxis: Ein Hobby-Magier, den wir Fritz nennen wollen, bestückte seinen Altar mit rosafarbenen Kerzen, die er mit einer Mischung aus Jojoba-Trägeröl und ätherischen Ölen der Duftrichtungen Rose und Jasmin salbte. Auf seinem Altar befanden sich ferner rosafarbene Rosen, ein Kunstgegenstand aus Ton in Form eines Herzens und das Bild eines hübschen Mädchens. Im Hintergrund säuselte Musik von Céline Dion, und als Zeitpunkt des Rituals wählte der Jüngling eine Venus-Stunde Zeit des aufgehenden Mondes.

Fühlen Sie sich in der Lage, den Zweck dieses Rituals zu erahnen? Richtig, in diesem Ritual ist alles „von Kopf bis Fuß auf Liebe eingestellt". Genauer gesagt: Die Liebe des Herzens, die zwar sexuelles Begehren beinhalten kann, von diesem aber nicht dominiert werden sollte (in letzterem Fall wäre, wie wir wissen, die Farbe „rot" zuständig). Wie wir vermuten können, ist Fritz daran gelegen, die Liebe zu besagtem Mädchen mit Hilfe des Rituals zu vertiefen. Wenn er mit der richtigen Einstellung an die Sache herangeht, wird er außerdem nicht versuchen, ihre Gegenliebe zu erzwingen; es geht ihm vielmehr darum, einen vielleicht schon vorhandenen Liebeskeim zum Erblühen zu bringen.

Die meisten Leser werden bei der Beschreibung des Rituals das Gefühl von „Stimmigkeit" gehabt haben. Jedes Detail paßt zum anderen, und es entsteht ein Gesamtkunstwerk für alle Sinne.

Lernen Sie wieder in Analogien zu denken

Während die Sache jedoch in diesem ersten Beispiel noch relativ leicht ist (man denke an die sprachliche Verwandtschaft von „rosa" und „Rose"), gibt es in esoterischen Systemen häufig Zuordnungen und Kombinationen, die den „Uneingeweihten" verwirren können. Der Grund für diese Ratlosigkeit liegt darin, daß die meisten Menschen verlernt haben, in Analogien zu denken. Der bekannte Reinkarnationstherapeut und Buchautor Thorwald Dethlefsen spricht in diesem Zusammenhang vom analogen Denken als einem „senkrechten Denken". Im Gegensatz dazu steht das heute viel weiter verbreitete Denken in Kategorien und Wirklichkeitsebenen, dem „waagrechten Denken".

Als praktisches Beispiel vergleichen wir zwei Wortgruppen rund um den Begriff „Sonne": Waagrecht: „Sonne – Mond – Mars – Merkur – Jupiter – Venus – Saturn". Alle sieben Begriffe lassen sich dem Oberbegriff „Planeten" zuordnen. Senkrecht: Sonne – Sonnenblume – Löwe (Tier) – Löwe (Sternzeichen) – Gold – gelb – Bernstein – Esche – Apollo (griechischer Gott) – Herz – König (im Absolutismus) – Johanniskraut – Johannisfest (Sommersonnwende), Sonntag. Was haben all diese scheinbar völlig verschiedenen Begriffe miteinander zu tun? Sie repräsentieren einen Archetypus, ein Urprinzip, das die verschiedenen „waagrechten" Ebenen der Erscheinungswelt (Planeten, Pflanzen, Tiere, Sternzeichen, Mineralien, Farben ...) gleichsam wie eine „senkrechte" Linie kreuzt und miteinander verbindet. Alle 13 Begriffe verkörpern Energiezentren, Quellen strahlender Lebenskraft. Die Sonnenblume mit ihren um ein Zentrum gruppierten strahlenförmigen Blütenblättern repräsentiert den Archetypus „Sonne" auf der Wirklichkeitsebene „Pflanzen", und so weiter

Vom gewählten Tag bis zur Musik im Hintergrund ist alles „stimmig"

Die gedankliche Arbeit, die wir bei der Vorbereitung eines Rituals leisten müssen, besteht nun darin, eine „senkrechte" Analogiereihe zum Hauptthema unserer magischen Verrichtung zu bilden. Wollen wir mit unserem Ritual beispielsweise die Kräfte der Freude, des Selbstbewußtseins und der geistigen Klarheit in uns stärken, so können wir die Analogiereihe der Sonne zu Hilfe nehmen: Wir werden die Zeremonie am Sonntag, zu einer Sonnenstunde abhalten (Erklärung folgt auf Seite 55), werden gelbe Kerzen verwenden, Sonnenblumen und Gegenstände aus Gold auf unserem

Altar plazieren und als Duft vielleicht Johanniskraut wählen. Zur musikalischen Untermalung bietet sich ein heiteres Stück von Mozart an, dessen Musik häufig als „apollinisch" (erhaben, heiter, geistesklar) charakterisiert worden ist.

Wenn Sie ein bißchen Übung im „senkrechten Denken erlangt haben, wird es Ihnen nicht schwer fallen, die Accessoires zu Ihrem Ritual selbst in sinnvoller Weise zusammenzustellen. Als erste Orientierungshilfe haben wir im Schlußteil des Buches eine Reihe von Ritualen „durchkomponiert". Viele der wesentlichen Lebensbereiche, für die Sie magische Unterstützung benötigen könnten, sind dort aufgeführt.

Das Zauberreich der Düfte

Düfte sind ein wichtiger Bestandteil des Rituals. Ihr rituller Gebrauch ist schon in den ältesten Hochkulturen der Menschheit nachweisbar, etwa im alten Ägypten und in Indien, wo die Ayurveda-Medizin bereits eine Form der Aromatherapie kannte. Düfte bilden eine eigene Sprache, deren „Grammatik" in unserer modernen Welt weithin unbekannt ist. Umso spontaner kann unser Unbewußtes auf ihre subtilen Botschaften reagieren.

Düfte passieren die Pforte zu unserem Gefühlsleben auf dem direktesten Weg – vorbei an dem sonst allmächtigen Türwächter, den wir „Vernunft" nennen. Dies beruht, genau genommen, keineswegs auf Zauberei. Die mit der Atmung aufgenommenen Duftmoleküle gelangen nämlich über die Nasenschleimhaut in das limbische System im Gehirn. Von dort gelangt der Impuls in das autonome Nervensystem, wo er – je nachdem, welche Duftinformation gegeben ist – anregend oder beruhigend auf unseren Organismus wirken kann. Zum Beispiel beschleunigt Rosmarin den Herzschlag, während Lavendel eine Entspannung der Muskulatur bewirkt.

Die Magie des Duftes: er erreicht uns direkt, keine „Vernunft" hindert ihn an seiner Wirkung

Noch bedeutsamer ist der Einfluß, den Düfte über die Hypophyse (Hirnanhangdrüse) auf die Hormonausschüttung in unserem Körper ausüben. Hormone wirken entscheidend bei der Entstehung und Veränderung seelischer Zustände mit.

Neben dieser – naturwissenschaftlich abgesegneten – Version hat sich längst auch eine ganzheitliche Sichtweise der Wirkung von Düften durchgesetzt. Der Autor und Aromatherapeut Erich Keller bezeichnet den Menschen als „Energiefeld", dessen Schwingungen von anderen, von außen einwirkenden Energiefeldern beeinflußt werden. Düfte aus öligen Pflanzenauszügen haben grundsätzlich

Die Pflanzen haben uns durch den Duft ihre Essenz, ihre „Seele" zum Geschenk gemacht. Damit senden sie heilsame Botschaften an unseren Körper und unser Gefühlsleben

eine höhere Schwingung als unser Körper. Unser feinstoffliches Energiefeld beginnt mit der höheren Frequenz der durch Düfte ausgelösten Vibrationen „mitzuschwingen". Die Folge ist, daß wir uns leichter, klarer, heiterer, bewußter und liebevoller fühlen.

Im Ritual können Düfte auf verschiedene Weise eingesetzt werden: Beispielsweise als natürlicher Eigengeruch der Kerzen, als Salböl mit der die Opferkerzen geweiht werden, in Weihrauchgefäßen und in der Duftlampe.

Wenn es darum geht, den optimalen Duft für Ihr Ritual auszuwählen, dürfen Sie natürlich auch persönliche Vorlieben und Erinnerungen, die sich aus Ihrer Biographie ergeben, mit einbeziehen (falls Sie beispielsweise schon einmal mit Jasminduft verführt worden sind).

Mit Düften verbinden wir oft persönliche Vorlieben und Erinnerungen

Kulturell geprägte Assoziationen wie „Rose – Liebe" oder „Weihrauch – Kirche, Spiritualität" sollten Ihnen zwar nicht jeden persönlichen Zugang zu besagten Düften verstellen; ganz willkürlich gewählt sind sie allerdings nicht; so wird dem Weihrauch von erfahrenen Aromatherapeuten einhellig eine Wirkung im Sinne einer Öffnung für spirituelle Dimensionen zugeschrieben. Auch in Redewendungen verschlüsselte Klischees („Pep haben", „auf jemanden scharf sein", „zitrusfrisch", „Süßholz (Sandelholz) raspeln" enthalten meist mehr als ein Körnchen Wahrheit.

Mit dem bewußten Einsatz von Basis-, Herz- und Kopfnote können Sie die grundlegende Linie Ihres Duftes vorgeben

Die gebräuchliche Einteilung der Düfte in „Kopf-" „Herz-" und „Basisnoten" schafft eine grobe Einteilung, die an das System der sieben Chakren und seinen „Oben-Unten-Kontrast" erinnert. In einigen Fällen ist das System als Orientierungshilfe nützlich. So ist die Kopfnote Weihrauch im Charakter tatsächlich spirituell (Kronenchakra); die Kopfnoten Rosmarin und Zitrone erleichtern Konzentration und intellektuelle Arbeit (Stirnchakra); die Herznoten Rose, Jasmin und Ylang-Ylang eignen sich wirklich, um Herzensanliegen zu fördern (Herzchakra); die Basisnoten (beispielsweise Vetiver, Zedernholz, Zimt) repräsentieren allerdings nicht generell „Sexualität und Aggressivität" (Wurzelchakra), vielmehr ist ihnen ein schwere, erdige Ausstrahlung zu eigen, die die Konzentration auf das Tiefe, Ausgereifte und Wesentliche des Lebens fördert. Fazit: Sie werden mit dem System der Basis-, Herz- und Kopfnoten nicht unfehlbar zum geeigneten Duft Ihres Rituals gelangen, können sich davon jedoch eine Anregung und Vorauswahl versprechen. Generell sind die Einzelcharakterisierungen der Düfte nützlicher (siehe Seite 41). Auch die traditionelle Zuordnung der Düfte zu bestimmten Planeten kann hilfreich sein, wenn Sie mit den Planetenkräften und ihren archetypischen Charakterisierungen vertraut sind. Ab Seite 58 wird Ihnen ein erster Einblick in dieses esoterische Grundlagenwissen vermittelt.

Hier eine kurze Beschreibung der gebräuchlichsten ätherischen Öle. Sie sind verhältnismäßig leicht im Handel zu erwerben.

Ätherische Öle

Bergamotte: Geistige Klarheit, Frische, Heiterkeit. Abwenden von „Schatten"-Einflüssen (Ängsten, Depressionen). Für Erfolg und Selbstvertrauen, vor allem bei geistigen Arbeiten. Kopfnote. Planet: Merkur, Sonne.

Cajeput: Sicherheit, Geborgenheit. In Lebenskrisen und Umbrüchen, um nicht die Orientierung zu verlieren. Kopfnote. Planet: Mars.

Jasmin: Erotik, betörende Sinnlichkeit, Abenteuerlust, Anregung, Aufheiterung. Für Situationen, die uns aus dem Alltag herausheben, „Verzauberung" und Verführung durch Neues und Aufregendes versprechen. Herznote. Planet: Mond.

Kamille: Gleichgewicht, Beruhigung, die aber nicht schläfrig macht. Zum Loslassen negativer und quälender Emotionen. Auflösung einer rein egozentrischen Grundhaltung. Herznote. Planet: Mond, Merkur.

Lavendel: Innerer Friede. Abwenden negativer Schwingungen von außen. Seelischer Schmerz und Symptome mentaler Erschöpfung lösen sich auf. Als „Gegenzauber", wo schlechte Einflüsse vermutet werden. Als seelische Atempause nach belastenden Erfahrungen. Herz-/Kopfnote. Planet: Merkur.

Muskatellersalbei: Freude, Euphorie, Inspiration. Stärkstes „Antidepressivum" unter den gebräuchlichen Duftölen. Zur Anregung der Kreativität bei künstlerischen und geistigen Arbeiten. Um das Alltagsbewußtsein in Erfahrungen „gehobener" Seelenzustände zu transformieren. Herz-/Kopfnote. Planet: Neptun.

Neroli: Heilung, Schutz, Trost. Zur Ausheilung seelischer Verletzungen. Zur Stärkung der Aura und zur Abschirmung vor negativen Kräften. Herz-/Kopfnote. Planet: Sonne, Mond.

Patchouli: Energieregulierung, Individualität, Überschreitung von Grenzen. Hilft, sich auf seine Kräfte zu besinnen, eigene Wege zu gehen, Neuland zu erobern und äußere wie auch innere Hemmnisse zu überwinden. Auch erotisierend. Basisnote. Planet: Venus.

Rose: Zärtlichkeit, Herzensliebe, Trost. Stärkt die „wahre" Liebe, die der Seele entspringt und Geborgenheit spendet. Reinigt das Gefühlsleben von negativen und egoistischen Anteilen. Herznote. Planet: Jupiter, Venus.

Rosmarin: Anregung, Willenskraft, Konzentrationsfähigkeit. Um Antriebslosigkeit zu überwinden und Projekte mit frischen Kräften zu beginnen und zu Ende zu führen. Erfolg durch Energie und Geistesgegenwart. Basis-/Herznote. Planet: Mars.

So finden Sie den richtigen Duft für die Zeremonie: Es gibt Analogien von Wochentag zu Planet und von Planet zu Duft.

Sandelholz: Euphorie, Erotik, aber auch Spiritualität. Zur Auflösung energetischer Blockaden. Zur Transformation sexueller Energien in „höhere" spirituelle Erfahrungen. Basis-/Herznote. Planet: Venus.

Weihrauch: Reinigung, Spiritualität, innerer Friede und Inspiration. Brückenschlag zwischen der materiellen und der geistigen Welt. Allgemein ideales „Ritual-Öl" (falls die klare Entscheidung für einen anderen Duft schwerfällt). Erleichtert Meditation und Konzentration, besänftigt „irdische" Regungen. Speziell bei Ritualen mit religiösem Hintergrund. Basisnote, manchmal aber auch als höchste der Kopfnoten bezeichnet. Planet: Saturn.

Ylang-Ylang: Erotik, Sexualität, Heiterkeit, Ausgeglichenheit. Ein starkes „Verführungsöl", das aber auch hilft, der Liebe hinderliche „Streßgefühle" auszublenden und sich ganz dem Augenblick hinzugeben. Herznote. Planet: Venus.

Trägeröle

Sie haben jetzt die wichtigsten Informationen in der Hand, um mit dem passenden Öl auch das Ritual des Salbens und Weihens von Kerzen zu vollziehen. Dieser Vorgang wird auf Seite 70 noch genauer beschrieben werden. Wichtig ist, daß Sie vor Beginn Ihres Rituals ein Salböl, ähnlich etwa dem bei Aromamassagen verwendeten Balsam herstellen. Sie verwenden dazu geruchsneutrale Trägeröle, etwa Jojobaöl, Nußöl, Sonnenblumenöl oder Olivenöl, am besten aus biologischem Anbau. In dieses Trägeröl geben Sie in bestimmtem Mischverhältnis ein paar Tropfen des von Ihnen gewählten ätherischen Duftöls (oder einer Duftmischung). Grundformel: Auf 50 ml Öl gibt man 5–20 Tropfen reines ätherisches Öl.

Musik

Musik hat eine starke Wirkung – die richtigen Klänge für ein Kerzenritual zu finden, ist jedoch nicht leicht

Musik wirkt direkt auf Ihren Emotionalkörper (auch Astralkörper genannt). Sie ist daher – ähnlich den Düften – besonders geeignet, ihr Energiefeld in einer bestimmten, gewünschten Weise zu verändern, ohne daß der Verstand daran beteiligt sein muß. Zudem ist sie meist stark mit Symbolik aufgeladen. Der Einsatz von Musik im Ritual ist ein ebenso heikles wie faszinierendes Kapitel. Heikel deshalb, weil es sehr stark eine Frage des persönlichen Geschmacks ist, von welchem Stück wir uns inspirieren lassen. Auch gibt es keine traditionellen esoterischen Systeme, die Ihnen verraten werden, in welche Analogiekette sich Ihr Lieblings-Rocksänger einreihen läßt. Dergleichen muß man spüren, erahnen. Die Vielzahl alter und ständig neu aufgenommener Musikstücke – etwa im Gegensatz zur immer gleichbleibenden Anzahl der Grundfarben – tut das Ihrige dazu, um die Lage unübersichtlich zu machen. Zudem scheint fast alle Musik von Liebe, gelegentlich auch von Aggression zu sprechen. Wer ein Ritual für die glückliche Abwicklung eines Börsengeschäfts durchführen will, wird sich schwer tun, eine passende Musik dazu zu finden.

Trotz dieser Schwierigkeiten lassen sich einige Anhaltspunkte finden: Generell halte ich bei der Musikauswahl zu Ritualen folgende Grundregeln für sinnvoll:

Die Musik sollte während des gesamten Zeitraums des Rituals laufen können, ohne daß Sie zwischendurch zum CD-Spieler rennen müssen. Ist die CD zu kurz und gibt es keine Vorrichtung, sie „endlos" durchlaufen zu lassen, so ist es besser, einen Teil des Rituals in Stille weiterzuführen.

Es sollte keine Musik sein, die Ihnen zuwider ist und Gefühle der Nervosität und Angst in Ihnen schürt.

Andererseits ist es nicht sinnvoll, eine absolute Lieblingsmusik zu wählen, die Ihnen bei jedem Anhören unvermeidlich die Tränen in die Augen treibt. Sie werden dann nicht mehr in der Lage sein, sich auf den eigentlichen Gegenstand des Rituals zu konzentrieren. Verwenden Sie also Musik, die Ihnen ein bißchen gefällt, so daß Sie notfalls „weghören" können. Ihr Unbewußtes wird trotzdem weiterhin von den Tonschwingungen der Musik beeinflußt werden.

Generell können Sie Musik auch ausschließlich danach auswählen, ob diese Sie in einen entspannten, meditativen Zustand versetzt (beispielsweise gleichförmig fließende New-Age-Musik, die ihre Aufmerksamkeit nicht übermäßig auf sich zieht und Ihre Seele in heitere, harmonische Schwingung versetzt). Mit der Wahl dieser Musik können Sie im Prinzip nichts falsch machen. Sie verzichten damit allerdings oft darauf, das Thema Ihres Rituals durch Bildung von Analogien im Sinne des esoterisch-senkrechten Denkens zu verstärken.

Texte wirken sich generell störend aus, wenn Sie die Aufmerksamkeit stark auf sich ziehen. Bilden Sie Analogien nicht in Anlehnung an die Texte bestimmter Lieder. Wählen Sie also beispielsweise nicht Marilyn Monroes „Diamonds are a girl's best friends", wenn Sie ein „Geldvermehrungsritual" durchführen wollen. Möglicherweise paßt die Melodie ja nicht optimal. Sie können jedoch ein Stück verwenden, das für Sie „Fülle, Reichtum, Überfluß" repräsentiert.

Obwohl Musik natürlich absolut Geschmackssache ist, gibt es bei der Musikauswahl durchaus bessere und schlechtere Entscheidungen, und Sie können dies am Grad Ihrer Konzentration und „Ge-

Wenn der gewählte musikalische Hintergrund Sie in einen wohlig entspannten, meditativen Zustand versetzt, haben Sie eine gute Wahl getroffen*

Beispielsweise können Sie sich unter www.windpferd.com Hörproben von entspannender Musik anhören

stimmtheit" im Hinblick auf das Ritual ablesen. Mit etwas Übung werden Sie ein Gefühl dafür entwickeln. Im Anhang finden Sie Empfehlungen für Entspannungs- und Meditationsmusik.

Blumen

Blumen sind Übermittler emotionaler Botschaften

Blumen können eine außerordentliche Bereicherung für Ihren Altar darstellen. Sie sind ein bezauberndes Geschenk aus dem unerschöpflichen Füllhorn von Mutter Natur und ein Abbild und Symbol der schönen und edlen Regungen in unserer Seele. Sie sollten sich nicht verpflichtet fühlen, bei jedem Kerzenritual Blumenschmuck zu verwenden. Schließlich geht dies auch ans Geld, und nicht zu jeder Jahreszeit sind alle Blumen erhältlich. Wenn Sie es aber dennoch tun, beziehen Sie Ihre Intuition, Ihre persönliche Vorliebe und Ihr Wissen über Farbsymbolik in den Entscheidungsprozeß mit ein.

Schon immer wurden Blumen als Träger von Bedeutung und als Übermittler emotionaler Botschaften verstanden. Am bekanntesten, wie immer, die (rote) Rose, die ein Mann beispielsweise kaum verschenken kann, ohne sich gleichzeitig als leidenschaftlich liebender Verehrer zu „outen". Lilien sind die Wappenblumen der französischen Könige und werden meist als „edel" und „ätherisch" empfunden. Manchmal wird ihnen auch eine beinahe überirdische, „engelhafte" Reinheit zugeschrieben. Die Verwendung für „violette" spirituelle Bereiche liegt also nahe. Schneeglöckchen (wenn sie denn gerade verfügbar sind) drücken sehr schön die Hoffnung auf Erneuerung aus, wenn die Gefühle infolge einer Lebenskrise noch „auf Eis" liegen. Immergrüne Pflanzen symbolisieren am besten eine Ehe oder Freundschaft, die unangetastet von den kapriziösen „Jahreszeiten der Seele" überdauern soll. Seerosen sind aus dem Meer, dem Unbewußten auftauchende „Geistesblüten" ... Es gibt eigentlich keine Grenzen für Ihre spielerische, assoziative Phantasie.

Andere symbolische Gegenstände

Nachdem zur rituellen „Pflicht" lediglich Altar, Kerzenleuchter und Kerzen gehören, kann die „Kür" eine Reihe nach Belieben ausgewählter Requisiten enthalten. Wichtig ist Ihre persönliche Verbindung zu dem betreffenden Gegenstand, Ihr Glaube an seine Bedeutsamkeit. Die zweite wichtige Voraussetzung besteht darin, daß Sie sich in der Anfangsphase des Rituals auf jeden einzelnen Gegenstand für eine Weile konzentrieren und sich seine Funktion für den Ablauf der magischen Handlung deutlich vor Augen führen. Sie laden ihn dadurch mit Ihrer Energie auf, und das Unbelebte „Ding" wird zum „verlängerten Arm" Ihres Geistes, zum materiellen Träger einer immateriellen Botschaft. Solche Kultgegenstände können sein:

Die persönliche Verbundenheit mit den Gegenständen ist wichtig

- Bilder von Religionsstiftern, Heiligen, Meistern, Vorbildern. Sie treten damit eher in den Bereich des „mythischen" Bewußtseins ein, das nichts von sich selbst, jedoch alles von geheimnisvollen „Helfern" erwartet. Sie sollten sich also darüber klar werden, ob Sie dies auch wollen.
- Bilder von Personen, für die man bittet. Fotos oder persönliche Gegenstände helfen dabei, sich auf den Menschen, für den das Ritual gedacht ist, z. B. einen Kranken, zu konzentrieren.
- Religiöse Symbole, etwa das Kreuz, das chinesische „Yin/Yang"-Symbol oder das auf hinduistischen Altären gern verwendete „Om"-Schriftzeichen.
- Kunstgegenstände: Statuen, Vasen, Gemälde ...
- Edelsteine, die man aber nicht ohne Kenntnis ihrer spezifischen Schwingung verwenden sollte.
- Weihrauchgefäße. Die Verwendung von Weihrauchgefäßen in Ritualen ist eine „Wissenschaft für sich". Auch hier existiert ein System von Duftvariationen mit der dazugehörigen Bedeutungsfülle. Wie es bei Feuer und Kerzen im allgemeinen der Fall ist, basieren Räucherungen auf der Vorstellung, daß der aufsteigende Qualm sozusagen bis in „die Nasen der Götter" vorzudringen vermag. Da das Verbrennen von Weihrauch ein wenig komplizierter ist als etwa die Verwendung einer Duftlampe und außerdem für den Geschmack vieler Menschen zu „schlechte Luft" verursacht, verweise ich Interessierte auf das Buch „Weihrauch und Räucherwerk", das im Windpferd Verlag erschienen ist (siehe Buchtips im Anhang).
- Weitere Kultgegenstände nach Wahl, beispielsweise Pyramiden, Glocken, Kristallkugeln, Ethno-Instrumente sowie natürlich persönliche Erinnerungsstücke, beispielsweise ein Schmuckstück, das Ihnen von Ihrem Partner/Ihrer Partnerin geschenkt wurde.

Am besten wählt man religiöse Gegenstände ganz nach den eigenen Vorlieben aus – das emotionale Umfeld soll stimmen

Achten Sie trotz der Vielzahl der hier gemachten Vorschläge darauf, daß Sie den Altar nicht überladen. Dies zieht nicht nur die Einstimmungsphase des Rituals über Gebühr in die Länge; es schmälert auch den Wert des Einzelstücks, das hinter der Fülle „konkurrierender" Sinneseindrücke zu verschwinden droht.

Kerzenleuchter

Sie haben im Ritual lediglich eine „dienende" Funktion und sollten sich keinesfalls auf Kosten der Kerzen in den Vordergrund drängen. Einzelstücke sind meist praktischer und lassen sich flexibler kombinieren als mehrarmige Leuchter. Form und Stil sind völlig Ihrem persönlichen Geschmack überlassen.

Altarfläche und Altartuch

Das Wort „Altar" bezeichnet hier die Arbeitsfläche, auf der die verschiedenen rituellen Gegenstände angeordnet sind. Als „Heiligtum" im erweiterten Sinne kann Ihr Altar insofern bezeichnet werden, als er Ort einer dem Alltagsgeschäft enthobenen geistigen Handlung ist.

Natürlich ist es ideal, wenn Sie für Ihre rituellen Handlungen einen ausschließlich dafür eingesetzten Tisch besitzen. In der Regel werden Sie jedoch einen durchaus profanen Wohnzimmer- oder Beistelltisch, vielleicht auch einen größeren Hocker gelegentlich zum Altar umfunktionieren. Wichtig ist in diesem Fall, daß der Tisch von allem leergeräumt worden ist, was an die „banalen" Alltagsgeschäfte erinnert. Symbolisch wird das nunmehr veränderte Wesen Ihres Möbelstücks durch das Auflegen einer Altardecke signalisiert. Sie hat die Funktion, die negativen Schwingungen, die dem Tisch infolge des normalen Gebrauchs anhaften, abzuschirmen.

Ihr Altar wird im Idealfall rechteckiges Format haben. Auf diese Weise lassen sich die meisten gebräuchlichen Altaranordnungen leicht realisieren. Die Grundfläche sollte mindestens 60 mal 75 Zentimeter betragen; ist sie kleiner, wird es womöglich zu eng, um alle geplanten Gegenstände unterzubringen. Die Höhe des Altars sollte Ihrer Sitzhöhe angepaßt sein, je nachdem, ob Sie auf einem Stuhl sitzen oder im Schneider- beziehungsweise Lotussitz auf dem Boden Platz nehmen. Wenn es gar nicht anders möglich ist, breiten sie lediglich eine rechteckige Decke auf dem Boden aus und erklären diese zur Altarfläche.

Für die Altardecke verwenden Sie im Zweifelsfall ein einheitliches Weiß. Es läßt alle vor diesem Hintergrund positionierten Farben gut zur Geltung kommen. Es ist jedoch ebenso möglich, die Farbe der Altardecke nach anderen Kriterien (siehe z. B. Seite 55) auszuwählen.

Ein eigener Raum ist ideal – eine spezielle Zimmerecke erfüllt aber auch ihren Zweck

Texte

Auswahl und Herstellung ritueller Texte gehören zu den schwierigsten, aber auch schönsten Aufgaben bei der Vorbereitung zu einem Ritual. Texte sind eine Kunstform wie Musik oder die Komposition von Düften, nur daß sie stärker den bewußten, intellektuellen Bereich ansprechen. Andererseits wissen wir von Gedichten und Liedtexten, daß von Worten eine sehr starke suggestive Wirkung auf das Gefühlsleben ausgeht.

Das Johannes-Evangelium setzt an den Anfang der Schöpfung nicht etwa „Wille" oder „Tat", sondern „Das Wort", und auch die heiligen Texte der Hindus, die Veden, sprechen von einer Schöpfung des Universums durch das (Sanskrit-)Wort.

Mantras sind heilige Gebetsformeln meist indischer Herkunft, denen die darauf projizierte Geisteskraft aller vorherigen Verwender des Mantras innewohnt. Das bekannteste dieser Mantras ist das schlichte „Om". Im Christentum werden in ähnlicher Weise wiederkehrende Gebetsformeln (Liturgie) verwendet (beispielsweise: „Der Herr sei mit Euch" – „Und mit Deinem Geiste").

Autosuggestive Techniken (etwa: Autogenes Training, Selbsthypnose) bedienen sich wiederkehrender Formeln, die sich im Entspannungszustand („Alpha-Zustand") dem Unbewußten einprägen sollen. Auch die negative Programmierung von Menschen im Sinne einer „Gehirnwäsche", wie sie in Sekten und diktatorischen Regimen angewandt wird, funktioniert durch das Prinzip der Wiederholung einprägsamer Formeln. Sie sollen den Geist des Opfers benebeln und ihn in einen Zustand unkritischer „Suggestibilität" versetzen.

Die Texte, die im Zusammenhang mit Kerzenritualen benötigt werden, meinen es jedoch ausnahmslos gut mit Ihnen – aus dem einfachen Grund, weil Sie selbst die Auswahl treffen oder sogar zum „Dichter" Ihrer eigenen Mantras oder Suggestionsformeln werden.

Wenn Sie sich zum Schriftsteller nicht berufen fühlen, können Sie in der Literatur, in heiligen Texten oder Gedichtbänden nach geeigneten Formeln suchen. So sind beispielsweise die Psalmen Davids, die Dhammapada (Sammlung der Aussprüche Buddhas), das Tao Te King (Buch der Weisheiten Lao Tses) sowie Goethes Faust unerschöpfliche Quellen kluger Aussprüche. Mancher wird die Mühe, diese Texte durchzuarbeiten scheuen und auf Gebrauchslyrik, schön ausgestattete Aphorismensammlungen oder die Texte von Lieblingsschlagern zurückgreifen.

Am allerbesten ist es jedoch, wenn Sie sich Ihren rituellen Text selbst „schnitzen". Bei selbstverfaßten Texten handelt es sich in der Regel um kürzere „Werke"; ein einziger Satz oder gar ein Wort genügen jedoch nicht, da Sie in Ihrem rituellen Text eine Reihe von Informationen unterbringen müssen:

Die Auswahl und Erstellung ritueller Texte gehört zu den schönsten Aufgaben eines Rituals

Je konkreter Ihr Text formuliert ist, um so geeigneter ist er für das Ritual

47

Welche Kräfte im Universum oder in mir selbst rufe ich zur Unterstützung an?

Sprechen Sie die „guten und lichten Kräfte des Kosmos" oder Ihr „Höheres Selbst" an, den Teil von Ihnen, der mit dem göttlichen Licht verbunden ist. Wenn Sie gern ein bestimmtes Wesen höherer Ordnung ansprechen wollen, von dem Sie Hilfe erwarten, so können Sie dies tun.

Welches ist das zentrale Ziel meines Rituals?

Hier wird das Grundthema klar ausgesprochen: *„Mein Wunsch ist es, viel Geld zu besitzen. Ich ziehe Reichtum, Fülle und Überfluß in mein Leben".*

Was will ich selbst dazu beitragen, dieses Ziel zu erreichen?

„Ich sehe und ergreife jede Gelegenheit, um auf ehrliche Weise zu Geld zu kommen."

Welche nicht anwesenden Personen möchte ich in Gedanken ansprechen? Wem möchte ich Energie schicken?

„Ich schicke meiner Tante, die schwer erkrankt ist, gute, liebevolle und heilende Gedanken."

In welcher Weise sollen die Gegenstände auf dem Altar mit einbezogen werden?

„Rosa ist die Liebe des Herzens, und mein Herz ist voller Liebe". „Der Mond nimmt zu, und auch mein Erfolg wächst mit jedem Tag, mit jedem Monat immer mehr und mehr."

Welchen Satz könnte ich zur Bekräftigung meines Wunsches an den Schluß setzen, um mein Gebet damit auf die Reise zu schicken?

„Ich danke Euch lichtvollen Kräften für Eure Unterstützung. Zusammen schaffen wir es!"

Ein so gestalteter Text wird helfen, Ihr Unbewußtes auf den Zweck des Rituals zu programmieren

Dieses 6-Punkte-Programm können Sie sich als Grundgerüst für Ihre dichterische Tätigkeit einprägen. Sie können dieses Muster jedoch je nach Bedarf abändern oder auch Einzelteile ganz weglassen. Im Anwendungsteil dieses Buches (ab Seite 77) werden Sie noch ein paar Textbeispiele lesen.

Da jeder Text auch unvermeidlich autosuggestive Wirkung entfaltet, müssen Sie auch mit den allgemein bewährten Grundlagen der Autosuggestion vertraut gemacht werden. Man muß bei all dem zwar bedenken, daß ein magisches Ritual mehr ist als nur eine Psychotechnik zur suggestiven Selbstbeeinflussung; vielmehr bedeutet „Magie", Seelen- und Gedankenkräfte in die materielle Außenwelt zu projizieren. Dennoch ist es unmöglich, den Aspekt der „Programmierung" des Unbewußten vollkommen auszuklammern – und warum sollen wir auch freiwillig darauf verzichten, einen mächtigen Verbündeten quasi „nebenbei" mit zu aktivieren?

Diese Regeln sind vor allem:

Keine Verneinungen. Sätze, die die Worte „nicht", „nie" oder „kein" enthalten, werden von Ihrem Unbewußten falsch gespeichert. Die Wirkung ist dann, als hätten Sie den selben Satz, jedoch in der bejahenden Version, gesprochen. Statt „Ich bin von heute an nicht schüchtern" hört Ihr Unbewußtes: „Ich bin schüchtern". Tip: Wandeln Sie den verneinenden Satz einfach in eine positive Aussage um, beispielsweise: „Ich bin stets mutig und selbstbewußt".

Klare, knappe Aussagen. Versuchen Sie das, was Sie sagen wollen, auf den Punkt zu bringen. Vermeiden Sie mißverständliche Formulierungen und langatmiges „Schwafeln". Verzichten Sie auf einschränkende, die Aussage schwächende Floskeln wie „irgendwie", „manchmal", „in gewisser Weise". Wählen Sie dann von allen denkbaren Sätzen, die Ihr Thema klar umreißen, den kürzesten und eindrücklichsten.

Sprechen Sie Ihr Gefühl an. Selbst, wenn Sie ein eher „cooler" Typ sind und Pathos verabscheuen, kann es sein, daß Ihr Unbewußtes eine gefühlvolle Sprache bevorzugt. Versuchen Sie sich selbst von Ihrer Sache zu begeistern. Falls Sie daran gewöhnt sind, intellektuell oder gar wissenschaftlich zu formulieren, springen Sie hier einmal über Ihren Schatten. Sagen Sie: „Ja, ich bin es wert, ein glückliches, erfülltes Leben zu führen. Ich wachse dem Licht entgegen", nicht: „Wenn man wohlwollend mit mir verfährt, könnte man unter gewissen Umständen ein nicht unbeträchtliches Wachstumspotential bei mir konstatieren."

Sprechen Sie in der Gegenwartsform. Wählen Sie, so oft es geht, Ihre Formulierungen so, daß Ihr Wunsch als bereits erfüllt erscheint. Die beiden Worte „ich bin" entfalten die größtmögliche suggestive Wirkung, da sie Ihr innerstes „Sein", nicht nur bestimmte oberflächliche Aspekte Ihres Wesens ansprechen. Wenn Formulierungen wie „ich will" oder „ich werde" unvermeidlich erscheinen, machen Sie klar, daß der Prozeß, der Sie ans Ziel Ihrer Wünsche bringt, schon jetzt, in diesem Augenblick beginnt. Sagen Sie also nicht „einmal, ja einmal, werde auch ich ein glücklich Liebender sein", da die Erfüllung damit auf unabsehbare Zeit in die Zukunft verschoben wird. Besser ist: „Ich bin es wert, geliebt zu werden. Ich ziehe die Frau, die meine Seelenpartnerin ist, mit aller Kraft des Geistes und des Herzens in mein Leben. Ich begegne ihr, wenn die Zeit dafür gekommen ist. Darum schicke ich ihr schon jetzt liebevolle Gedanken ..."

Von Mondkräften und Planetenstunden

Zeitbestimmung beim Ritual

Zeit spielt in unserem beruflichen und gesellschaftlichen Leben eine entscheidende Rolle. Viele Menschen tragen ihre Armbanduhr – ähnlich einem Ehering – zu jeder Tages- und Nachtzeit am Körper: aus Angst, sich in einem bedrohlich empfundenen Zustand der „Zeitlosigkeit" zu verlieren. Terminkalender, Arbeitspläne, Fahrpläne und das Fernsehprogramm beherrschen den Ablauf unseres Tages. Diesen in Minuten, Stunden und Jahren meßbaren Aspekt kann man „Quantität der Zeit" nennen. Jeder Augenblick und jede Phase im linearen Ablauf von Zeit hat bei dieser quantitativen Sichtweise das gleiche Gewicht.

Die Zeit vergeht in gleichbleibendem Takt, doch die Qualität einzelner Zeitabschnitte ist ganz unterschiedlich

Eine völlig andere Betrachtungsweise, die im Zeitalter der Wissenschaft ziemlich aus der Mode gekommen ist, ist die der „Zeitqualität". Der qualitative Aspekt betrifft die spezifische energetische „Färbung" einer gegebenen Zeitspanne im Spannungsfeld der gleichzeitig wirksamen Kräften des Kosmos. Wir denken unwillkürlich in Kategorien einer „Zeitqualität", wenn wir von „Glückstagen" sprechen – oder aber von „schwarzen Tagen", an denen wir „mit dem linken Fuß zuerst aufgestanden sind". Das Gefühl eines „verhexten" Tages drängt sich manchmal derart auf, daß selbst sehr rational veranlagte Zeitgenossen zu abergläubischen Schwarzsehern werden. Allerdings schämen wir uns dann meist ein wenig unseres „magischen Denkens" und versuchen die Häufung des Unglücks an einem einzigen Tag vernünftig zu erklären und „wegzuinterpretieren". Manchmal wäre allerdings mehr Achtsamkeit und Respekt vor den eigenen unterentwickelten Kräften der Intuition ratsam.

Das einflußreichste esoterische System zur Bestimmung von Zeitqualität ist die westliche Astrologie. Viele Menschen haben astrologische Grundbegriffe in ihr Alltagsdenken aufgenommen. Wenn wir sagen: „Ich bin nun einmal etwas impulsiv, aber was soll ich machen, ich bin Widder", dann meinen wir: Die Zeitqualität an unserem Geburtstag hatte eine besondere „Widderprägung", die unser konkretes Verhalten bis in die Gegenwart hinein mitbestimmt. Andere Personen mit Prägespuren einer „Stier-Zeit" oder „Zwillings-Zeit" würden sich in der selben Situation ganz anders verhalten. Die Lehre von der Berechnung und Deutung des Geburtshoroskops

Das Horoskop, die Momentaufnahme des Sternenhimmels zum Zeitpunkt der Geburt, ist eine verschlüsselte Abbildung der dominierenden Kräfte und Konstellationen, die auf ein Individuum in einem bestimmten Augenblick wirken

basiert auf der Annahme, daß in der Zeitqualität der Geburtsstunde das ganze zukünftige Leben und die Charakterentwicklung eines Menschen keimhaft angelegt sind.

Wie die Geburtsstunde eines Menschen, so wirkt sich auch die eines Hauses- eines beruflichen Projekts – oder: eines magischen Rituals – bestimmend auf den gesamten weiteren Verlauf der betreffenden Angelegenheit aus. Diese Tatsache können wir nutzen, um unserem magischen Ritual mit der Wahl des optimalen „gegebenen Zeitpunkts" die größtmögliche Energie mit auf den Weg zu gehen. Natürlich können wir die uralten Lehren von der „Zeitqualität" einfach ignorieren; dies würde jedoch einem sinnlosen, kräftezehrenden „Schwimmen gegen den Strom" gleichkommen, bei dem wir letztendlich nur Verlierer sein können. Im günstigsten Fall können wir uns mit der „Flut" des Augenblicksglücks beinahe mühelos ans Ziel tragen lassen.

Wesentliche Faktoren zur Bestimmung des optimalen Zeitpunkts für ein Ritual sind: die Mondphasen, die richtige Tageszeit und die Planetenstunden.

Die Mondphasen

Der Mond weist uns den richtigen Zeitpunkt

Mondkalender sind in den letzten Jahren sehr populär geworden. Vielleicht, weil das Wissen um Mondmagie und den „richtigen Zeitpunkt" an der Schnittfläche zwischen esoterischer Geheimlehre und volkstümlicher Bauernweisheit angesiedelt ist. Eine verwirrende Fülle von Detailinformationen ist diesbezüglich auf dem Markt erhältlich. Für unseren Zweck genügt es, die Bedeutung der vier Mondphasen zu kennen, die einen unterschiedlichen Einfluß auf bestimmte „Typen" von Ritualen ausüben:

✗ Zunehmender Mond: Führen Sie hier Rituale durch, mit denen Sie bewirken wollen, daß etwas wächst, zunimmt, expandiert. Beispielsweise: Vertiefung von Liebesbeziehungen, Anbau am Haus, Wachstum von Pflanzen, Erweiterung eines Geschäfts, Geldvermehrung, allgemein: größeren Erfolg im Leben ...

✗ Abnehmender Mond: Führen Sie in dieser Phase Rituale durch, mit deren Hilfe Sie etwas verkleinern, zerstören oder aus Ihrem Lebenskreis entfernen wollen, beispielsweise: Krankheiten und unerwünschte Gemütszustände (beispielsweise Haß, Depression) zum Schwinden bringen, schlechte Gewohnheiten aufgeben, Abwehr negativer Einflüsse durch Gedankenkräfte, sichtbare und unsichtbare Wesen, Loslösung aus unfruchtbaren und lähmenden Beziehungen ...

- Vollmond: Der Vollmond ist eine Art „Sommersonnwende" des Mondzyklus: Der Moment der größtmöglichen Lebensfülle kurz vor dem „Umkippen" in die Abwärtsbewegung, den unaufhaltsamen Prozeß des Absterbens und Vergehens. Der Vollmond ist zu sehr Höhepunkt, um Projekten der „Verkleinerung" dienlich zu sein; und er wandelt zu nahe am Abgrund, um mit den Kräften langfristigen, kontinuierlichen Wachstums ein Bündnis einzugehen. Letztendlich eignet er sich nur für ganz wenige Rituale, Feiern des vergänglichen Augenblicksglücks unter dem Damoklesschwert des nahenden Untergangs.
- Neumond: Von Ritualen bei Neumond ist ganz abzuraten. Dies gilt auch für die drei Tage unmittelbar davor. Zu sehr ist die Phase mit Vorstellungen von Licht- und Hoffnungslosigkeit besetzt. Wer den Keim zu einem Neuanfang setzen und einen Hoffnungsfunken inmitten der Finsternis entzünden möchte, wähle dafür besser den „Vorfrühling", die ersten Tage des zunehmenden Mondes.

Die Tageszeit

Hier kann es nur eine Empfehlung geben: Der optimale Zeitpunkt für die Durchführung eines Rituals ist der Abend beziehungsweise die frühe Nacht. Dies gilt natürlich für Kerzenrituale im besonderen, da sich deren warmes, „romantisches" Licht vor dem grellen Schein der Tagessonne recht dürftig ausnehmen würde. Die zentrale Symbolik des Kerzenanzündens – Licht in der Finsternis = Hoffnung – prägt sich nur bei Dunkelheit dem Unbewußten ein.

Natürlich schrumpft dabei gerade im Hochsommer die Zeit der wachen Stunden, in denen die Natur selbst ihr gewaltigstes Licht, die Sonne, versteckt hält. Man kann aber, wenn es nicht anders geht, durchaus künstliche Dunkelheit herstellen, indem man die Rolläden herunterläßt. Mit „Schwarzer Magie" oder lichtscheuer Geheimniskrämerei hat die Wahl der Abendstunden nichts zu tun; Hauptgrund für die Wahl der dunklen Stunden ist – neben dem archetypischen Hell-Dunkel-Kontrast – die Tatsache, daß die hektischen Stimmen und Gedankenschwingungen des Tages abends allmählich verklingen und einer Atmosphäre der Entspannung, des Zur-Ruhe-Kommens Platz machen. Der Effekt ist, daß für meditative, konzentrative Stimmungen einfach bessere atmosphärische Bedingungen herrschen.

Wenn die Tageshektik ausklingt, ist die beste Zeit für ein Ritual

Die Planetenstunden

Jeder Planet hat seine Kraft und seine Bedeutung, die wir im Ritual nutzen

Wir kennen nun den ungefähren Zeitpunkt des Rituals (beispielsweise die knapp zwei Wochen der kommenden abnehmenden Mondphase) und die Tageszeit (abends). Auch wenn diese günstigen Bedingungen gegeben sind, kann man bei der Wahl der idealen Stunde für den Beginn eines Rituals aber noch einiges falsch machen. Zur Berechnung des genauen Tages und der Stunde bedienen wir uns einer zentralen Lehre der Astrologie, des „senkrechten Denkens" und der esoterischen Geheimlehren im allgemeinen: es handelt sich dabei um die Lehre von den Planetenkräften und ihrer archetypischen Bedeutung.

Die sieben im Altertum bekannten Gestirne unseres Sonnensystems – Sonne, Mond, Mars, Merkur, Jupiter, Venus und Saturn – standen schon seit Menschengedenken für sieben Urkräfte des Universums, die alle Bereiche von Makrokosmos und Mikrokosmos durchweben. In Sternenhimmel und Götterolymp, belebter und unbelebter Natur, menschlichem Schicksal und menschlicher Seele lassen sich Kräfte und Grundprinzipien beobachten, die man als „sonnenhaft", „venusisch" oder „martialisch" klassifizieren kann. Die griechischen Götter – etwa Mars als Repräsentant des Krieges – sind lediglich personifizierte Vertreter dieser allgemeinen Prinzipien. Am Beispiel der Sonne haben wir auf S. 38 bereits im einzelnen beschrieben, wie sich der Archetyp Sonne auf verschiedenen Ebenen der konkreten Realität manifestiert (beispielsweise Mineralien-, Pflanzen- und Tierreich). Für die Bestimmung des richtigen Zeitpunkts für unser Ritual können wir nun diese Erkenntnisse anhand der gegenüberliegenden Tabelle nutzen:

Wie alles, was existiert, sind auch Zeitabschnitte, Stunden und Tage den sieben Planetenprinzipien zugeordnet

Wie alles, was existiert, sind auch Zeitabschnitte, Stunden und Tage den sieben Planetenprinzipien zugeordnet. Analog dazu können wir die Hauptbetätigungsfelder unseres Alltagslebens und somit auch die Arbeitsbereiche unserer Kerzenrituale unschwer dem „Mars-" oder „Venus-Bereich" zuordnen.

Die Grundformel für die Berechnung des richtigen Zeitpunkts für den Beginn eines Rituals lautet dementsprechend:

Planetenkraft des Zeitpunkts = Planetenkraft des Grundthemas

Anders ausgedrückt: Wenn wir mit unserem Ritual beispielsweise ein „saturnisches" Thema bearbeiten möchten, müssen wir als Zeitpunkt auch einen Saturntag und eine Saturnstunde wählen. Ein solches Thema wäre z.B. die Überwindung von Hindernissen und Hemmungen.

Stunde	Sonntag	Montag	Dienstag	Mittwoch	Donnerstag	Freitag	Samstag
00–01	Sonne	Mond	Mars	Merkur	Jupiter	Venus	Saturn
01–02	Venus	Saturn	Sonne	Mond	Mars	Merkur	Jupiter
02–03	Merkur	Jupiter	Venus	Saturn	Sonne	Mond	Mars
03–04	Mond	Mars	Merkur	Jupiter	Venus	Saturn	Sonne
04–05	Saturn	Sonne	Mond	Mars	Merkur	Jupiter	Venus
05–06	Jupiter	Venus	Saturn	Sonne	Mond	Mars	Merkur
06–07	Mars	Merkur	Jupiter	Venus	Saturn	Sonne	Mond
07–08	Sonne	Mond	Mars	Merkur	Jupiter	Venus	Saturn
08–09	Venus	Saturn	Sonne	Mond	Mars	Merkur	Jupiter
09–10	Merkur	Jupiter	Venus	Saturn	Sonne	Mond	Mars
10–11	Mond	Mars	Merkur	Jupiter	Venus	Saturn	Sonne
11–12	Saturn	Sonne	Mond	Mars	Merkur	Jupiter	Venus
12–13	Jupiter	Venus	Saturn	Sonne	Mond	Mars	Merkur
13–14	Mars	Merkur	Jupiter	Venus	Saturn	Sonne	Mond
14–15	Sonne	Mond	Mars	Merkur	Jupiter	Venus	Saturn
15–16	Venus	Saturn	Sonne	Mond	Mars	Merkur	Jupiter
16–17	Merkur	Jupiter	Venus	Saturn	Sonne	Mond	Mars
17–18	Mond	Mars	Merkur	Jupiter	Venus	Saturn	Sonne
18–19	Saturn	Sonne	Mond	Mars	Merkur	Jupiter	Venus
19–20	Jupiter	Venus	Saturn	Sonne	Mond	Mars	Merkur
20–21	Mars	Merkur	Jupiter	Venus	Saturn	Sonne	Mond
21–22	Sonne	Mond	Mars	Merkur	Jupiter	Venus	Saturn
22–23	Venus	Saturn	Sonne	Mond	Mars	Merkur	Jupiter
23–00	Merkur	Jupiter	Venus	Saturn	Sonne	Mond	Mars

Jeder Tag hat seinen Planeten und jede Stunde den ihren

Planeten und Tage

Die Zuordnungen in dieser Tabelle stammen von den Chaldäern und wurden den westlichen Zivilisationen späterer Jahrhunderte von den Römern aufgeprägt. Da die äußeren Planeten unseres Sonnensystems, Uranus, Neptun und Pluto, damals noch nicht entdeckt waren, fehlen sie in diesem System. Die deutschen Tagesbezeichnungen „Sonntag" und „Montag" erleichtern die Zuordnung zu den entsprechenden Planeten erheblich. Andere europäische Sprachen nehmen auch bei der Benennung der anderen Wochentage noch stärker auf die römischen Gottheiten und die Planeten Bezug.

Tag	Planet
Sonntag	Sonne
Montag	Mond
Dienstag	Mars (franz.: „mardi")
Mittwoch	Merkur (franz.: „mercredi")
Donnerstag	Jupiter (ital.: „giovedi")
Freitag	Venus (ital.: „venerdi")
Samstag	Saturn (engl. „saturday")

Die Stundenberechnung

Welche Stunden des Tages welcher Planetenkraft zugeordnet sind, entnehmen Sie am besten bei jeder Ritualvorbereitung der auf der nächsten Seite stehenden Tabelle.

Vierundzwanzigmal in jeder Woche wiederholt sich die Stunde jedes einzelnen Planeten

Wie Sie sehen können, beginnt der Zyklus an einem Sonntag um Mitternacht. Die Stunde zwischen 0 Uhr und 1 Uhr ist Sonnenstunde, die Stunde zwischen 1 Uhr und 2 Uhr Venusstunde, und so weiter. Achtung: Die Abfolge der Planetennamen ist nicht identisch mit ihrer Anordnung im Verlauf der Wochentage. Nach 7 Stunden, also um 7 Uhr, haben wir wieder eine Sonnenstunde, und der Zyklus beginnt von vorn. Da die 7 Planetenkräfte in die 24 Stunden des Tages nur dreimal (3 x 7 = 21, Rest: 3) hineinpassen, verschiebt sich der Rhythmus jeden Tages. So beginnt der Montag nicht mehr mit einer Sonnenstunde, sondern mit einer Mondstunde.

Jede der Planetenkräfte kommt im Verlauf einer Woche genau 24 mal „zum Zuge", bevor sich der Kreis am darauffolgenden Sonntag um 24 Uhr schließt. Wir haben also theoretisch genau 24 Gelegenheiten, um in einer gegebenen Woche ein „Sonnenritual" durchzuführen. Da wir jedoch hinsichtlich des Tages festgelegt sind – es muß ein „Sonnentag", ein Sonntag sein – bleiben nur noch 4 Stunden zur Auswahl: Sonntags von 0 bis 1 Uhr, von 7 bis 8 Uhr, von 14 bis 15 Uhr und von 21 bis 22 Uhr. Erinnern wir uns dann außerdem daran, daß der ideale Zeitpunkt für ein Ritual der Abend oder die frühe Nacht ist, so verengt sich die scheinbare Fülle der Möglichkeiten schließlich auf eine einzige: Sonntags von 21 bis 22 Uhr. Wie Sie in der Tabelle auf Seite 55 leicht feststellen können, fällt der ideale Ritual-Zeitpunkt an jedem der Wochentage auf 21 bis 22 Uhr, was dem Gedächtnis entgegenkommt, den Handlungsspielraum aber auch stark einengt.

Was tun, wenn Sie gerade zu dieser Stunde eine andere, unaufschiebbare Verpflichtung zu erfüllen haben? Nun, Sie können die nächstbeste Woche ansteuern, in der die Mondphase ähnlich günstig ist wie in der aktuellen Woche. Wenn Sie beispielsweise auf den zunehmenden Mond angewiesen sind, so kann sich die nächste Gelegenheit bereits eine Woche später, eventuell aber auch erst 4 Wochen später bieten. Wenn Ihnen dies zu lange dauert, gibt es immerhin zwei „Ausweichmöglichkeiten", auf die Sie notfalls zurückgreifen können:

Jeder Planet hat seinen „Ersatzmann"

1. Sie wählen den Nachmittag (14–15 Uhr) als Ausweichmöglichkeit, schließen dann aber in jedem Fall die Jalousien oder Vorhänge zu.
2. Sie weichen auf die Stunde eines Planeten aus, der mit dem ursprünglich anvisierten Planeten in einem harmonischen Verhältnis steht. So „verträgt sich" die Energie von Jupiter optimal mit Sonne und Venus, keinesfalls aber mit dem Saturn.

Entnehmen Sie die möglichen Ersatzplaneten bitte der nachfolgenden Tabelle. Die Beziehungen zwischen Planeten und Ersatzplaneten sind, wie Sie sehen können, oft nicht umkehrbar: So kann der Merkur problemlos für den Mond „einspringen"; umgekehrt wäre es aber nicht ratsam, den Mond an die Stelle des Merkur zu setzen.

Planet	Ersatzplanet
Sonne	Mars, Merkur, Jupiter, Venus
Mond	Merkur, Jupiter, Venus
Mars	Sonne, Jupiter
Merkur	Sonne, Jupiter, Venus
Jupiter	Sonne, Venus
Venus	Sonne, Jupiter
Saturn	Mars

Wirkungsbereiche der Planeten

Wenn Sie nun herausfinden möchten, welcher Planet für Ihr spezifisches Problem „zuständig" ist, können Sie die nachfolgende große Analogie-Tabelle zur Hand nehmen. Es wird Ihnen dann leicht fallen, auch Tag und Stunde korrekt zuzuordnen.

Sonne

Urprinzip: Sein, Zentrum, Ausstrahlung, das Männliche
Assoziationen: Yang, Licht der Erkenntnis, Helligkeit, Freude, Befruchtung, Lebensspender, Heilung, Arroganz, Stolz, Egozentrik
Farbe: gelb
Sternzeichen: Löwe
Berufsgruppen und Lebensbereiche: Karriere, König, Herrscher, Chef, Vorgesetzter, Patriarch, Vater; Künstlerberufe als Selbstdarstellung
Organe: Herz, Brust, Rückgrat
Anwendungsgebiete im Ritual: Fortschritte in der Karriere, Erlangen von weltlicher Ehre und hohen beruflichen Stellungen (auch in Berufen, die „Star-" und „Entertainerqualitäten" verlangen), Stimmungsaufhellung in „düsteren" Lebenssituationen, Heilung durch Zufuhr von Lichtkräften

Mond

Urprinzip: Empfänglichkeit, Fruchtbarkeit, Rhythmus, das Weibliche
Assoziationen: Yin, der „Schatten", das Unbewußte, Veränderung, Vergänglichkeit, Wankelmut, Fruchtbarkeit, Zeugen, Hervorbringen, Wasser, Meer, Empfindsamkeit, Medialität
Farbe: weiß
Sternzeichen: Krebs
Berufsgruppen und Lebensbereiche: Mutterschaft, der häusliche Bereich, das Zuhause, Umgang mit Kindern, Pflegeberufe, Landwirtschaft, Nahrungsmittelindustrie und Gastronomie, Psychologie und Auseinandersetzung mit dem „Okkulten"
Organe: Magen, Brüste, weibliche Genitalien
Anwendungsgebiete im Ritual: Überall, wo eine Unternehmung „Frucht bringen" soll, Veränderungen, die die Tiefen der Seele betreffen, Hilfe bei Angelegenheiten von Zeugung und Schwangerschaft, Kindern und Haushalt

Mars

Urprinzip: Aktivität, Aggression, Konflikt
Assoziationen: Mut, Abenteuer, Initiative, Vorstoß, „Anmache", aggressive, „harte" Sexualität, Durchsetzung gegen Widerstände, Unbekümmertheit, Anfang und Aufbruch, „schneidende" Rhetorik, Wettkampf, Sport
Farbe: rot
Sternzeichen: Widder, Skorpion (überwiegend Pluto)
Berufsgruppen und Lebensbereiche: Militär und Rüstungsindustrie, Metallverarbeitung, Technik, Maschinen (vor allem mit Verbrennungsmotor), Chirurgen, Sportler
Organe: Blut, männliche Genitalien
Anwendungsgebiete im Ritual: Überall, wo es darum geht, Projekte mit Frische und Tatkraft anzugehen, Widerstände zu überwinden und Konflikte mit Durchsetzung und Stärke zu lösen; in Angelegenheiten grobsexueller Liebe; um bei nachlassender Schubkraft mehr Energie und „Power" zu erlangen

Merkur

Urprinzip: Intellekt, Kommunikation, Sprache
Assoziationen: Das Rationale, gesunder Menschenverstand, Wendigkeit, handwerkliches Geschick, Beredsamkeit, Sprachen, Rhetorik, Bücher, Information, Telekommunikation, Journalismus
Farbe: lila
Sternzeichen: Zwillinge, Jungfrau
Berufsgruppen und Lebensbereiche: Intellektuelle, Medien, Journalismus, Computer und Telekommunikation, Wirtschaft und Handel, Kaufleute, Schule und Erziehung
Organe: Nervensystem, Atmung, Lungen
Anwendungsgebiete im Ritual: Überall wo es gilt, Kontakt herzustellen, die Kommunikation zu verbessern und Mißverständnisse auszuräumen; Erfolge im intellektuellen und kaufmännischen Bereich

Jupiter

Urprinzip: Glück, Gnade, Expansion, Spiritualität
Assoziationen: Streben nach Wissen und Erfahrung, Toleranz gegenüber Fremdem, Religion, Sinnsuche, Rituale, göttliche Gnade und Vergebung
Farbe: blau
Sternzeichen: Schütze, Fische (überwiegend Neptun)

Berufsgruppen und Lebensbereiche: Juristen, Banken und Finanzberufe, Börse, Glücksspiel, Priester, kirchliche und spirituelle Berufe, Verlage, reisende Berufe und Auslandskontakte
Organ: Leber
Anwendungsgebiete im Ritual: Alle Unternehmungen, die auf den Erwerb von Glück und Vermögen abzielen (eher „unverdient" als durch eigene Anstrengung erworben), Förderung des Persönlichkeitswachstums und der Erweiterung des geistigen Horizonts, Glück bei Reisen und Auslandsbeziehungen, spirituelles Wachstum und Erlangung von Gnade und Erlösung

Venus

Urprinzip: Energieaustausch, Liebe, Harmonie, Schönheit
Assoziationen: Ehe, Beziehungen, Freundschaft, Geselligkeit, Friede, Versöhnung, Kunst, Musik, Verträge und Vereinbarungen
Farbe: grün
Sternzeichen: Stier, Waage
Berufsgruppen und Lebensbereiche: Künstler (Schaffung von Schönheit und Harmonie), Berufe, die verschönern, dekorieren und Zeremonien organisieren; die „Beziehungsebene" in Berufsleben und Kommunikation; Friedenspolitik
Organ: Nieren
Anwendungsgebiete im Ritual: Überall, wo das „Miteinander" (statt Wettkampf) im Vordergrund steht, Beziehungen anbahnen, vertiefen und stabilisieren, Versöhnung und Harmonie herbeiführen, in Liebesangelegenheiten, zum Erreichen künstlerischer Vollkommenheit

Saturn

Urprinzip: Hemmung, Beschränkung, Struktur
Assoziationen: Disziplin, Selbstbeschränkung, Sparsamkeit, innere und äußere Hindernisse, Schüchternheit, Melancholie, Depression, Belastungen aus der Vergangenheit, Schulden, Schuld, Karma, Altern und Tod, Zeit, Zeitdruck, Uhren, beschränkende Ordnung, Etikette, Unterdrückung
Farbe: schwarz
Sternzeichen: Steinbock, Wassermann (überwiegend Uranus)
Berufsgruppen und Lebensbereiche: Beamte, Ordnungshüter und mit Organisation/Kontrolle Betraute, solides, eher introvertiertes Arbeiten, Reparieren, Konservieren und Bewahren, Bestattungsunternehmen, Sammler, Bibliothekare und Archivare
Organ: Skelett

Anwendungsgebiete im Ritual: Angelegenheiten, bei denen es darum geht, sich zu disziplinieren und „zusammenzureißen", chaotischen und ausufernden Unternehmungen mehr Zusammenhalt zu geben, sich auf das Wesentliche und Unwandelbare (eventuell auch Tiefe, Düstere) zu konzentrieren, seine Aufmerksamkeit zu sammeln (statt nach allen Richtungen zu „zerstreuen"), Karmabelastungen zu bearbeiten, dem Tod mit Ernst und Würde zu begegnen.

Versuchen Sie, hinter dieser scheinbar bunten Sammlung von Stichworten den „gemeinsamen Nenner", die Kernaussage herauszufinden. Sie ist unter der Rubrik „Urprinzip" kurz zusammengefaßt. Dann werden Sie auch in der Lage sein, Ihre eigenen Rückschlüsse zu ziehen, falls die Tabelle für Ihren speziellen Fall einmal nichts „hergibt". Dieses Buch möchte Ihnen viel lieber die „Angel" als den „Fisch" verkaufen, das heißt es möchte esoterische Kompetenz vermitteln, die es Ihnen ermöglicht, sich in Zweifelsfällen, wo die „Krücke" der bequemen Tabellen und Nachschlagewerke einmal versagt, selbst zu helfen. Dies hängt zum Teil damit zusammen, daß für ein ausuferndes Tabellenwerk im beschränkten Rahmen dieses Buches kein Platz ist; zum anderen aber auch mit meinem Vertrauen in Sie, den mündigen Leser/die mündige Leserin, mit meiner Überzeugung, daß nur durch eigenes Nachdenken und „Durchdringen" der Materie bleibendes Wissen erworben werden kann.

Nur wer selbst nachdenkt, erwirbt sich bleibendes Wissen

Fahrplan zu Glück und Erfolg

Wie Ihr Ritual ablaufen kann

Wenn Sie mir bis hierhin geduldig gefolgt sind, besitzen Sie nun alle Informationen, die Sie für eine erfolgreiche Durchführung Ihres Kerzenrituals benötigen. Sie können sich sozusagen aus den Vorzimmern ins „Allerheiligste" vorwagen.

Um angesichts der Fülle der Fakten den Durchblick zu behalten, hilft Ihnen das nachfolgende Modell der „vier Phasen des Rituals". Diese sind:
- Langfristige Vorbereitung
- Kurzfristige Vorbereitung
- Ritual
- Nachbereitung (kann im folgenden vernachlässigt werden)

Mit Phase 1 sind Sie im Grunde schon gut vertraut, weil sie Inhalt der vorherigen Kapitel war. Noch einmal kurz zusammengefaßt gehört dazu:
- Feststellen von „Handlungsbedarf". Eingrenzen und Definition des Themas
- Auswählen oder Verfassen eines rituellen Textes
- Beschaffung und Auswahl der Kerzen
- Beschaffung und Auswahl anderer ritueller Gegenstände (Duftöle, Musik, Altar und Altardecke, symbolische Gegenstände)
- Bestimmung des optimalen Zeitpunkts

Die genannten Tätigkeiten können schon lange vor dem angesetzten Termin für das Ritual ausgeführt worden sein. Ein gewisser Fundus von feststehenden Requisiten (beispielsweise Altar, Altardecke, Kerzen in einigen Grundfarben) wird nach Durchführung Ihres allerersten Rituals wohl zur Verfügung stehen. Im folgenden möchte ich einige Hinweise zu den kurzfristigen Vorbereitungen für das Ritual geben. Es handelt sich um einige Angelegenheiten, die es am Tag des Rituals selbst, überwiegend in der Stunde davor, zu bedenken gilt.

> **Bereiten Sie Ihr Ritual in aller Ruhe vor, damit Sie sich darauf konzentrieren können und durch nichts gestört werden**

Die kurzfristige Vorbereitung

Stellen Sie für das Ritual eine Checkliste zusammen

Mögliche Bestandteile der kurzfristigen Vorbereitung sind:
- Aufräumen des Zimmers oder der Zimmerecke, in der das Ritual stattfinden wird
- Schließen der Fensterläden oder Vorhänge, falls zuviel Licht einfällt
- Abstellen von Telefon und anderen Störungsmöglichkeiten. Instruieren von Familienmitgliedern, daß Sie für eine bestimmte Zeit nicht gestört werden möchten
- Aufbau des Altars mit seinen Requisiten (Kerzen, Blumen, Duftlampe ...) und Bereitstellen von Hilfsmitteln (beispielsweise Streichhölzer)
- Bereitstellen einer bequemen Sitzgelegenheit (Stuhl oder Kissen auf einer weichen Unterlage)
- Körperliche Reinigung (beispielsweise Duftbad)
- Maßnahmen, um innerlich Abstand vom Alltag zu gewinnen (beispielsweise Entspannungstechniken)
- Anlegen einer rituellen Kleidung

Nicht jeder dieser Punkte muß, wie wir sehen werden, bei jedem Ritual zum Tragen kommen. Dennoch ist es hilfreich, sich die vorbereitenden Maßnahmen – zumindest als noch unerfahrener „Magier" – wie auf einer Checkliste vor Augen zu halten. Sie ersehen daraus auch den eigentlichen Zeitbedarf, der etwas größer sein kann als angenommen. Denken Sie daran, daß die errechnete Stunde, die sich auf den Beginn des eigentlichen Rituals bezieht, unbedingt eingehalten werden muß.

Die Räumlichkeiten

Es empfiehlt sich, einen Raum der Wohnung ausschließlich ideellen, geistigen und spirituellen Verrichtungen zu widmen

Natürlich ist es ideal, wenn Sie für Ihre rituellen Verrichtungen einen eigenen Raum zur Verfügung haben. Jeder Raum wird mit der Zeit mit den Schwingungen derjenigen materiellen und geistigen Aktivitäten aufgeladen, die gewohnheitsgemäß in ihm durchgeführt werden. Geeignet ist auch die Kombination Schlafraum/Meditationsecke/Ort des Rituals. (Den Bereich von Schlaf und Traum beziehe ich hier mit ein, weil in ihm die Seele ebenfalls in einen anderen, dem Alltagsgeschäft enthobenen Erlebnisraum eintritt, in eine Wirklichkeit, die nach anderen Gesetzmäßigkeiten „funktioniert" als die Welt des Wachbewußtseins.)

Immerhin bleiben dann noch alle übrigen Räumlichkeiten für die „banalen" Bereiche: Nahrungsaufnahme, Körperpflege, Ausscheidung, Hausarbeit, Erwerbsarbeit (bei Heimarbeitern), Hobbys und „weltliche" Kommunikation.

Sollte Ihnen für diese Aufteilung der nötige Platz fehlen, so versuchen Sie wenigstens eine bestimmte Ecke in einem bestimmten Raum für Ihr Ritual zu reservieren. Ein Hausaltar, auf dem Sie Dinge von persönlicher und spiritueller Bedeutung plazieren und eine Meditationsecke (die Sie wahlweise auch für Yoga, Qi Gong, Autogenes Training oder tantrische Übungen nutzen können) wären Grundbestandteile einer Art „Insel des Ideellen" inmitten des funktionellen Alltagsbereichs. Sie können darauf achten, daß diese Ruheoase nicht durch herumliegende Lohnsteuererklärungen, Fernsehzeitungen und schmutziges Geschirr „entweiht" wird. Eventuell können Sie sie durch Möbelstücke und Grünpflanzen (schaffen eine sehr schöne Atmosphäre!) vom übrigen Wohnbereich abtrennen. Die „Ritualecke" sollte spätestens kurz vor Beginn der eigentlichen magischen Handlung gereinigt werden.

Schaffen Sie sich Ihre persönliche „Insel"

Beleuchtung

Für die Vorbereitung ist „schummriges" Licht günstig, bei dem Sie noch alles sehen können, was Sie für den korrekten Aufbau des Altars brauchen. Falls es draußen noch zu hell ist (beispielsweise im Juni um 21 Uhr), sollten die Fensterläden und Vorhänge geschlossen werden. Das Halbdämmer der Übergangsphase hilft beim Abschalten vom symbolischen und psychischen Bereich „Alltag". Das Ritual selbst kann bei vollständiger Dunkelheit durchgeführt werden (was die Wirkung der Kerzen besser zur Geltung kommen läßt). Aus praktischen Gründen sollte aber eine ausreichend starke Lichtquelle zur Verfügung stehen, die das Ablesen des rituellen Textes ermöglicht und vor gefährlichen Fehlgriffen im Umgang mit dem Feuer (Kerzen) bewahrt. Indirekte, schummrige Beleuchtung ist ideal; eventuell kann ein Schalter oder Dimmer griffbereit sein, der noch während des Rituals in seiner Einstellung verändert werden könnte.

Gedämpftes Licht erleichtert die Konzentration

Kleidung

Die eher praktisch und rational veranlagten Leser werden sich mit einem pompösen rituellen Gewand, wie man es bei Aufführungen der „Zauberflöte" (Sarastro) oder des „Parsifal" (Gralsritter) bestaunen kann, kaum identifizieren können. Auf keinen Fall sollten Sie sich zu etwas zwingen, was für Sie den unangenehmen Nachgeschmack von „lächerlichem Pathos" hinterläßt. Manche lieben jedoch das Zeremonielle und Formelle, und für diese wird spezielle

Die Kleidung ablegen – und damit auch den Alltag

Kleidung hilfreich sein, um eine gehobene und entrückte Stimmung zu erzeugen.

Unabhängig vom persönlichen Geschmack wirkt es sich unzweifelhaft günstig aus, mit Hilfe eines Kleiderwechsels eine symbolische Trennlinie zwischen der Welt des „Profanen" und der des Rituals zu ziehen. Dies gilt auch dann, wenn nur ein Sport- oder Yogaanzug oder die in vielen körperorientierten Kursen der Volkshochschulen verlangte „bequeme Kleidung" verwendet werden. Entscheidend ist der Akt des Sich-Umziehens. In manchen Situationen – denken Sie etwa an den geschniegelten Banker, der direkt von der Arbeit nach Hause kommt oder den rußgeschwärzten Bergmann in Arbeitsmontur – wird sich der Gedanke an einen Kleiderwechsel geradezu aufdrängen. Wenn Sie dagegen vorher gerade in Schlabberjeans und Sweatshirt rumgelaufen sind, ist dies nicht so dringend notwendig; Sie können dann nach Laune und persönlichem Geschmack verfahren.

Wie sag ich's meiner Familie?

„Ungläubige" und spöttelnde Familienmitglieder können eine Plage sein und die Einführung einer neuen Gewohnheit mit ideellem und spirituellem Hintergrund ernsthaft torpedieren. Reden Sie mit Ihren Mitbewohnern grundsätzlich über das, was Sie vorhaben. Hören Sie sich rationale und ironische Einwendungen

Gemeinsame Rituale sind ein schönes Erlebnis von Harmonie

ruhig an, machen Sie aber auch unmißverständlich klar, daß Ihnen persönlich Ihr Kerzenritual wichtig ist und daß Sie nicht davon Abstand zu nehmen gedenken. Bitten Sie um Toleranz und Verständnis. Bedenken Sie aber auch selbstkritisch, daß man jedes noch so wichtige Hobby übertreiben kann und erwägen Sie, ob die Klagen Ihrer Kinder, daß man Sie in letzter Zeit vor lauter Ritualen überhaupt nicht mehr zu Gesicht bekommt, nicht doch einen Kern von Wahrheit enthalten.

Gemeinsame Rituale sind grundsätzlich möglich und können zu einem sehr schönen Erlebnis von Harmonie und „Zusammenschwingen" führen. Allerdings müssen hierzu alle an einem Strang ziehen. Bevor es zu Streitigkeiten über jedes Detail kommt, ist es besser, weiterhin als „Solo-Magier" zu agieren.

Für Kinder kann die Zeremonie mit flackernden Kerzen, betörenden Düften und geheimnisvollen Beschwörungsformeln zum unvergeßlichen, eindrucksvollen Erlebnis werden, solange sie einen spielerischen Charakter bewahrt und ihnen nicht Angst macht.

Für Kinder muß der spielerische Charakter gewahrt bleiben

Aufbau des Altars

Es ist wichtig, daß schon vor Beginn des eigentlichen Rituals alle Requisiten auf und vor dem Altar an ihrem Platz liegen, damit Sie den Ablauf nicht unterbrechen müssen. Für die Gestaltung des Altars gibt es bestimmte Grundregeln, die ich Ihnen im Folgenden vermitteln möchte. Wenn Sie alle Einzelbeispiele auf den Seiten 84–91 durchlesen, bekommen Sie überdies ein Gefühl für den „gemeinsamen Nenner" aller Rituale, aber auch für die Bandbreite möglicher Variationen. Sie sehen, daß Sie sich nicht sklavisch an ein bestimmtes Schema halten müssen und Ihren persönlichen Geschmack durchaus mit einbringen können.

Der Altar sollte ein harmonisches Ganzes darstellen, dessen Einzelteile sorgfältig aufeinander abgestimmt sind. Eine achsensymmetrische Anordnung, bei der rechts und links – spiegelverkehrt – ungefähr die gleichen Gegenstände stehen, vermittelt am vollkommensten das Bild einer Harmonie, die auf die Sitzposition des Betrachters zentriert ist.

Der Altar bildet ein harmonisches Ganzes ohne starres Schema

Altarkerzen rahmen den Altar ein. Sie stehen in den beiden Ekken links/hinten und rechts/hinten.

Astrokerze und Opferkerzen stehen vorn in der Mitte und dürfen als „geistiges Zentrum" des Altars ruhig eine größere Fläche abdecken. Absoluter Mittelpunkt sollte die Astrokerze sein, die den Magier repräsentiert. Darum, in Reihen oder im Kreis gruppiert, die restlichen Kerzen.

Die Tageskerze, wenn vorhanden, steht ganz links, etwa in der Mitte zwischen Vorder- und Hintergrund. Auf der gegenüberliegenden Position, rechts/Mitte, steht das Salböl.

Der Ritualtext liegt an der Ecke links vorne bereit.

Symbolische Gegenstände und Blumen stehen hinten in der Mitte. Wenn es sich um mehrere handelt, sind sie am hinteren Rand des Altars, um die Mitte zentriert, aufgereiht.

Das Weihrauchgefäß, falls vorhanden, steht vor den symbolischen Gegenständen.

Sie sitzen vor dem Altar, vergessen den Körper und konzentrieren sich auf das Wesentliche

Vor dem Altar bereiten Sie eine Sitzgelegenheit vor, die sich als bequem bewährt hat und es Ihnen ermöglicht, bis zu einer guten halben Stunde ruhig an einem Fleck zu verharren. Ein normaler Stuhl tut durchaus seine Dienste, auch wenn er nicht so „esoterisch" wirkt wie das Kauern im Lotussitz. Wichtig ist, daß Ihr Blut und die Energieströme in Ihrem Körper frei fließen können. Lotus- und Schneidersitz oder andere Stellungen (beispielsweise auf den Knien) sind nur dann sinnvoll, wenn Sie es wirklich über einen längeren Zeitraum damit aushalten. „Körperbeherrschung" im Sinne eines Sieges geistiger Disziplin über die natürlichen Bedürfnisse Ihrer Natur ist nicht Zweck des magischen Rituals. Grundregel: Sie sollten in der Lage sein, Ihren Körper weitestgehend zu vergessen und sich auf das Wesentliche zu konzentrieren.

Reinigung und innere Vorbereitung

Sind die äußeren Dinge bestens arrangiert, müssen Sie sich die Frage stellen, ob Sie innerlich hinreichend auf das Kerzenritual eingestimmt sind. Wenn Sie frisch aus einer anstrengenden beruflichen Sitzung kommen, einen City-Bummel im Winterschlußverkauf oder einen Ehekrach hinter sich haben, wird es nötig sein, Ihre aufgewühlte Psyche erst mal „herunterzufahren". Wer in der beneidenswerten Lage ist, eine Technik der Entspannung und Bewußtseinssteuerung erlernt zu haben, wird wissen, was zu tun ist: Meditation, Yoga-Übungen, Pranayama (Atemübungen) oder Tiefenentspannung mit Autogenem Training können die Wogen Ihres Geistes in einem Zeitraum von etwa 10–20 Minuten erstaunlich wirkungsvoll glätten.

Der Zustand der Ruhe ist eine wichtige Voraussetzung für ein erfolgreiches Ritual

„Nicht-Yogis" unter den Lesern, sollten sich darauf besinnen, was ihnen im Alltag ein Gefühl der Entspannung vermittelt – Alkohol und Fernsehen ausgenommen. Vielleicht betrachten Sie gern minutenlang die liebevoll gepflegten Balkonblumen; oder Sie legen sich einfach für ein Viertelstündchen auf eine Decke auf den Rücken (ohne einzuschlafen!), versuchen, tief durchzuatmen und „an nichts" zu denken. In dieser einfachen Disziplin kann jeder, mit ein wenig Geduld, Fortschritte machen.

Auch Duschen und – noch besser – ein Duftbad sind ideal zum Abschalten. Sie schlagen damit zugleich „zwei Fliegen mit einer Klappe", denn viele Menschen, die mit lichter Magie arbeiten, haben vorher das intensive Bedürfnis, sich zu reinigen. Dieser äußerliche Akt spiegelt natürlich zugleich einen inneren Prozeß wider: Sie „waschen" die negativen Schwingungen des Alltags von sich ab, machen sich rein, leer und empfänglich für neue, positivere Schwingungen.

Baden schafft die für das Unbewußte einpräg-samste Trennlinie zwischen dem profanen und dem rituellen Bereich und ist beson-ders zu empfehlen

Das lichtvolle Ritual

Nach solch ausführlichen Vorbereitungen ist das eigentliche Ritual relativ schnell und einfach beschrieben. Es folgt einem immer gleichen Ablauf, von dem Sie aus Gründen, die im Kapitel „Was ist ein Ritual?" genannt sind, nicht abweichen sollten. In der nachfolgenden Tabelle ist für jeden der vorgesehenen Schritte auch ein ungefährer Zeitbedarf angegeben. Die annähernde Dauer des Rituals beträgt somit 35 Minuten. Die Phasen „Meditation" und „Imagination" können nach Belieben verlängert werden, sofern man das Gefühl hat, die Konzentration so lange durchhalten zu können.

- Die Altarkerzen anzünden: 1/2 Minuten
- Die gewünschten Kerzen und Gegenstände salben: 3 Minuten
- Den Weihrauch (falls vorhanden) verbrennen: 1 Minuten
- Opferkerzen und Astrokerze, eventuelle Tageskerze anzünden: 1 1/2 Minuten
- Meditation: 10 Minuten
- Volle Konzentration auf das Ziel des Rituals. Imagination des Ziels als bereits erreicht: 10 Minuten
- Ablesen des vorbereiteten Textes: 5 Minuten
- Ritual innerlich „ausklingen lassen": 3 Minuten
- Kerzen löschen: 1 Minuten

Die Altarkerzen anzünden

Von der linken Altarkerze wird das Licht weitergegeben

Sie geben sich eine Art „innerlichen Ruck", mit dem Sie den Beginn des Rituals markieren und zünden zunächst die linke Altarkerze mit einem Streichholz an. Dann zünden Sie die zweite Altarkerze mit der bereits brennenden ersten an. Alle weiteren Kerzen werden traditionell mit dieser ersten entzündet. Sie tun dies bei Anziehungsritualen (Zeitpunkt: Zunehmender Mond) im Uhrzeigersinn, bei Verbannungsritualen (Zeitpunkt: Abnehmender Mond) im Gegenuhrzeigersinn (Siehe Ritualbeispiele auf Seite 77-91).

Kerzen salben

Durch das Salben wird die Kerze zu Ihrer Botschafterin

Gesalbt werden in der Regel nur die Opferkerzen. Diese sind durch die „Weihung" auf einen bestimmten Zweck hin für weitere Rituale unbrauchbar (können jedoch für Wiederholungsrituale, die dasselbe Ziel verfolgen, wiederverwendet werden). „Handwerker" unter den Lesern können jedoch Material sparen, indem Sie gebrauchte Opferkerzen einschmelzen und neu gießen.

Ihr Salböl – bestehend aus Trägeröl und einer Mischung ätherischer Öle – steht vermutlich auf der rechten Seite des Altars bereit. Sie geben nun etwas von dem Öl in Ihre Handfläche und streichen es zunächst mehrmals von der Mitte der Kerze („Äquator") ausgehend in Richtung oben („Nordpol"). Anschließend wiederholen Sie den Vorgang in Richtung unten („Südpol"). Sie sollten gleich oft nach oben und nach unten streichen – und dies am besten in ungerader Anzahl. Umfassen Sie dabei die Kerzen mit Fingern und Handfläche und versuchen Sie ihre ganze Oberfläche mit Öl zu bedecken.

Konzentrieren Sie sich bei diesem Vorgang vollkommen auf Ihr Thema, Ihren Wunsch oder Ihr Ziel, das Sie mit dem Ritual zu erreichen suchen. Nur so wird die Kerze in der Lage sein, die korrekte „Botschaft" für Sie zu übermitteln. Stellen Sie sich Ihren Wunsch bildhaft als bereits erfüllt vor (näheres zur Technik der Imagination im entsprechenden Kapitel auf Seite 72).

Das Salben oder „Weihen" der Kerzen ist eine zentrale Handlung der lichtvollen Magie. Sie projizieren damit Ihre Gedanken auf die Kerzen und machen Sie zum materiellen Träger Ihrer mentalen und spirituellen Konzepte. Ihre Schwingungen gehen durch den sanften Kontakt der Hände auf die Kerzen über. Die Vorstellung ist, daß die gesalbte Kerze nunmehr unabhängig von ihrem Besitzer im Sinne seiner Zielvorstellungen „für ihn arbeiten". Durch Verbrennen wird der Kontakt mit der geistigen Welt herstellt, in die sich die Kerzenflamme aufwärtsstrebend zu verflüchtigen scheint. In jener feinstofflichen Ätherwelt werden nun Kräfte entfesselt, die selbsttätig zur Erreichung Ihres Ziels aktiv werden. Manche sehen hier höhere Wesenheiten oder das Höhere Selbst am Wirken. Andere sprechen lediglich vom „Gesetz der Resonanz".

Wenn Sie es wünschen, können Sie auch wichtige rituelle Gegenstände und Symbole in dieser Phase weihen. Wenn Sie ein Weihrauchgefäß in Ihr Ritual mit einbeziehen, so wird dieses im Anschluß an das Weihen von Kerzen angezündet.

Nicht nur die Kerzen, auch andere Gegenstände auf dem Altar kann man weihen

Opfer-, Astro- und Tageskerzen anzünden.
Vollziehen Sie dies, wie schon erwähnt, nicht mit einem Streichholz, sondern mit der ersten, bereits brennenden Altarkerze. Konzentrieren Sie sich dabei auf die Funktion, die die betreffende Kerze im Gesamtkonzept Ihres Rituals einnehmen soll.

Meditation
Profis der „hohen" Meditation, also Adepten oder gar Meister bestimmter meditativer Schulen, müssen hier nicht versuchen, die letzte Stufe der Versenkung zu erreichen. Sie sollten mit Ihrem Bewußtsein durchaus noch im Hier und Jetzt verweilen und Ihre Sinne nicht vollkommen von der Außenwelt abziehen. Was hier unter „Meditation" in einem erweiterten Sinn verstanden wird, ist prinzipiell für jeden, der dieses Buch gelesen hat, durchführbar. Mit zunehmender Übung wird sich allerdings die Qualität und Tiefe Ihrer Meditation verbessern.

Alle Anspannung loslassen, ein Gefühl von Frieden und Stille empfinden

Setzen Sie sich in der von Ihnen bevorzugten Körperhaltung gerade hin und versuchen Sie, alle Anspannung loszulassen. Achten Sie auf eine ruhige und tiefe Atmung (Bauchatmung!) und versuchen Sie gleichzeitig Ihren Geist zu beruhigen. Versuchen Sie aufkommende Gedanken an Ihre Steuererklärung oder den boshaften Nachbarn nicht mit Gewalt aus Ihrem Bewußtsein zu verdrängen, verweilen Sie aber auch nicht lange bei solchen Gedanken und lassen Sie sie in Frieden weiterziehen – wie Wolken, die den reinen Himmel Ihres Geistes nur vorübergehend verdunkeln können. Wenn Sie ein Gefühl von Frieden und Stille empfinden, lassen Sie es durch Ihren ganzen Körper fließen. Die Entspannung Ihres Körpers, Ihres Atems und Ihres Geistes soll sich gegenseitig durchdringen und verstärken. In dieser Phase sind Ihre Augen geschlossen.

Wenn Sie das Gefühl haben, daß die Stille von Ihrem ganzen Wesen Besitz ergriffen hat, öffnen Sie die Augen. Sammeln Sie Ihre möglicherweise verstreuten oder „dahintreibenden" Gedanken und gehen Sie zur nächsten Phase über.

Imagination

Die Ritualgegenstände werden mit Gedankenenergie aufgeladen

Konzentrieren Sie Ihre Gedanken nun zunächst auf jene symbolischen Gegenstände auf Ihrem Altar, die Ihnen möglicherweise wichtig sind. Insbesondere gilt dies für Fotos von Personen, für deren Wohl Sie stellvertretend einen Wunsch aussprechen wollen. Führen Sie sich klar vor Augen, welche Assoziationen und Gedanken Sie mit dem betreffenden Gegenstand verbinden. Sie „laden" ihn dadurch mit Ihrer Gedankenenergie auf, ähnlich wie es beim Salben mit den Kerzen geschieht. Wenn Sie sich auf ein Foto konzentrieren, sei es von einem „Meister" oder Vorbild oder von einer geliebten Person, für die Sie bitten, so stellen Sie durch den Akt der Konzentration eine enge, innere Verbindung zwischen Ihnen beiden her, die Zeit und Raum zu überbrücken vermag. Am besten ist es, wenn Sie sich diesen Menschen „live", in seiner ganzen lebendigen Gestalt vor Ihrem inneren Auge vorstellen können. Konzentrieren Sie sich auf diese Art und Weise der Reihe nach auf alle Altargegenstände, die Ihnen wichtig sind.

Behalten Sie Ihr Ziel klar vor Augen

Haben Sie diese Phase abgeschlossen, so gehen Sie zur zentralen mentalen Übung des Rituals über: der Imagination Ihres Ziels. Lebensziele sind von entscheidender Bedeutung für unser Fortkommen im Leben und für unser spirituelles Wachstum. Ohne klare Ziele marschieren wir möglicherweise mit aller Kraft im Kreis herum oder in die falsche Richtung, was mitunter viel fataler sein kann, als überhaupt nicht erst loszugehen. In einem anderen Bild gesprochen, bewegt sich ein zielloser Mensch im Rückwärtsgang einer dunklen, unausgeleuchteten Zukunft entgegen; umso größer ist die Gefahr, zu stolpern oder gar in einen Abgrund zu stürzen. Was aber ist das Geheimnis der erfüllten Wünsche, der erreichten Ziele?

Moderne Psychotechniken wie das Neurolinguistische Programmieren (NLP) verwenden Zielimaginationen, um eine positive „Umprogrammierung" Ihres Unterbewußtseins zu erreichen. Ich persönlich bevorzuge eine geistigere, weniger mechanistische Sprache, um das Wesen der menschlichen Psyche zu erfassen. Wir können uns aber die Erkenntnisse des NLP und anderer suggestiver Techniken wie dem „positiven Denken", der Selbsthypnose oder der kognitiven Psychotherapie nutzen, um unserem Kerzenritual zu mehr Durchschlagskraft zu verhelfen

Mit Ihrer Vorstellungskraft können Sie Ihre Welt zu Ihren Gunsten verändern

Vielen Menschen mangelt es weniger an dem festen Willen zum Erfolg als vielmehr an einer klaren Vorstellung davon, wie sie nach Erfüllung ihrer Wünsche leben und sich fühlen werden. Die materielle Welt hat eine Tendenz, sich unseren Vorstellungen entsprechend zu verändern – dies allerdings mit zeitlicher Verzögerung und entsprechenden Verzerrungen und „Brechungen", die der zähe Stoff der grobstofflichen Realität mit sich bringt. Ein populärpsychologisches Beispiel für diese spirituell und philosophisch begründete Ansicht sind die sogenannten Selbsterfüllenden Prophezeiungen. Wer beispielsweise mit der Vorstellung, nicht einschlafen zu können, ins Bett geht und kein Vertrauen hat, daß die Natur dies spontan und ohne Anstrengung bewerkstelligen kann, der wird sich verkrampfen und tatsächlich nicht einschlafen können. Es gibt unzählige solcher Beispiele.

Erleben Sie sich im Zustand der „Erfüllung"

Fahren Sie im Gedankenstrom Ihres Rituals fort, indem Sie vor Ihrem geistigen Auge ein möglichst klares, lebendiges inneres Bild von sich selbst entwerfen. (Wenn das Ritual für eine andere Person durchgeführt wird, stellen Sie sich diese mit gleicher Intensität vor).

Konzentrieren Sie sich auf Ihre Gefühle und Wahrnehmungen, auf Ihre Umgebung und die Reaktionen Ihrer Mitmenschen – und zwar ganz so, als habe sich Ihr größter Wunsch bereits erfüllt. Beziehen Sie auch andere Sinneswahrnehmungen in Ihren inneren Film mit ein: Können Sie sich vorstellen, wie die Glückseligkeit, die Erfüllung „riecht", „schmeckt" oder „sich anfühlt"?

Das Prickeln des Champagners auf der Zunge kann ebenso hierher gehören wie der Duft der Akazienblüten oder das melodiöse Zirpen der Insekten in einer mediterranen Sommernacht

Setzen Sie diese Übung so lange fort, bis – zumindest ahnungsweise – etwas von dem erhofften Glück in Ihnen hochsteigt. Die Wahrnehmung Ihrer zweiten Wirklichkeit kann durch zunehmende Übung noch an „Schärfe" und Intensität zunehmen. Wenn Sie das Gefühl haben, das Thema bis an die Grenzen Ihrer momentanen Möglichkeiten ausgereizt zu haben, lösen Sie Ihre Gedanken von dem Wunschbild und bereiten Sie sich entspannt auf die nächste Phase vor.

Verlesen des Textes

Sie nehmen den vorbereiteten Text, wahrscheinlich von der linken Vorderseite des Altars, und verlesen ihn laut und deutlich. Versuchen Sie sich in seinen Sinn „hineinzusteigern" und die darin ausgedrückten Emotionen mit allen Fasern ihres Leibes und Ihrer Seele nachzuempfinden. Seien Sie, selbst als „vernünftiger" Mensch, am Anfang ruhig etwas „pathetischer" als es Ihre Gewohnheit ist. Vielleicht ist ja die kalte Rationalität Ihrer Alltagssprache lediglich eine Maske, die gefühlvolle Ausdrucksweise jedoch Ihrem Herzen und Ihrem wahren Wesen näher. Wenn der Text kurz ist und Ihre Geduld und Zeit es zulassen, sind auch Wiederholungen sinnvoll. Ein kürzerer, dafür oft wiederholter Text hat oft eine größere „Werbewirksamkeit", das heißt, er „bläut" sich Ihrem Unbewußten unauslöschlich „ein".

Langsam und mit Ausdruck gelesen, gewinnt Ihr Text an Bedeutung

Abschluß des Rituals
Sie legen noch ein paar Minuten der vollkommenen Entspannung ein, wenn Sie das Bedürfnis danach verspüren. Dann löschen Sie die Kerzen, und zwar – das ist wichtig! – in der umgekehrten Reihenfolge wie beim Anzünden. Das Ritual endet mit dem Verlöschen der ersten Altarkerze, dem „Urlicht" von dem alles Licht auf Ihrem Altar ausgegangen war. Als letztes können Sie eventuell noch die Musik ausschalten – doch dies gehört bereits in den Bereich der Nachbereitung, des Aufräumens, das hier nicht näher beschrieben werden muß.

Wiederholungen des Rituals
Bei langfristigen Zielen, etwa beruflichem Erfolg, der Genesung von einer chronischen Krankheit oder dem Aufbau einer stabilen Partnerschaft, empfiehlt es sich, das Ritual an mehreren aufeinanderfolgenden Tagen exakt in der selben Weise durchzuführen. Dabei wird jeweils derselbe Wochentag und dieselbe Stunde gewählt, die beim ersten Mal als optimaler Zeitpunkt ermittelt worden war (beispielsweise immer Montags zu einer Mondstunde). Es ist nicht wichtig, daß alle Rituale eines Zyklus in dieselbe Mondphase fallen, solange nur für das Ursprungsritual die korrekte Phase gewählt worden war.

Das Ritual kann auch mehrmals täglich wiederholt werden

Die Anzahl der durchzuführenden Rituale ist für jede Planetenenergie genau festgesetzt:

Planet	Wiederholung
☉ Sonne	1 oder 4 mal
☾ Mond	2 oder 7 mal
♃ Jupiter	3 mal
☿ Merkur	5 mal
♀ Venus	6 mal
♄ Saturn	8 mal
♂ Mars	9 mal

Kurzfristige Ziele, vor allem wenn Eile geboten ist, werden am besten mit drei, möglichst kurz aufeinanderfolgenden Zeremonien angesteuert. Dies können beispielsweise drei Sonnenstunden ein und desselben Tages oder an drei aufeinanderfolgenden Tagen sein. Denken wir dabei beispielsweise an bevorstehende Operationen, Prüfungen oder Bewerbungen, auch an die Auflösung von schweren

Krankheiten, mit der wir vielleicht nicht auf den 4. Sonnentag warten wollen. Stellt sich das Resultat schon früher ein, können wir den Zyklus durchaus vorzeitig abbrechen.

So bearbeiten Sie Ihre Lebensthemen

Beispiele aus der Praxis

Um das Gelernte noch einmal zusammenzufassen und den Einstieg in die Praxis zu erleichtern, sollen zunächst zwei ausführliche Fallbeispiele beschrieben werden. Ich wähle bewußt zwei Themen, die beinahe jeden von uns irgendwann einmal betreffen: Die Steigerung materiellen Wohlstands und die Überwindung von Ängsten. Beim ersten Thema handelt es sich um ein Anziehungsritual (bei zunehmendem Mond durchführen), bei dem zweiten um ein Verbannungsritual (bei abnehmendem Mond durchführen). Zu einem dritten großen Lebensthema, der Liebe, sind schon eine Reihe ganz konkreter Hinweise gegeben worden (Seite 41).

Wohlstand erreichen und Ängste abbauen sind zwei zentrale Lebensthemen

Materiellen Wohlstand anziehen

Eine junge Frau, die wir Reinhild nennen wollen, leidet unter chronischem Geldmangel. Sie hat keineswegs überzogene Ansprüche an das Leben, jedoch ist sie Freiberuflerin und die Aufträge kommen recht unregelmäßig herein. Manchmal muß sie um das Bestreiten der notwendigsten Dinge ihres Lebensunterhalts bangen. Sie sehnt nichts dringlicher herbei als ein Gefühl von finanzieller Sicherheit, von Großzügigkeit, von Fülle, aus der sie schöpfen könnte, ohne dabei „den Bogen zu überspannen". Manchmal hat sie das Gefühl, ein unbewußtes inneres Programm würde sie daran hindern, den großen Durchbruch zu erzielen und mehr finanzielle Freiheit zu erreichen. Dieses Programm hindert sie daran, Gelegenheiten beim Schopfe zu packen, Fehler zu vermeiden und in entscheidenden Situationen ihr Bestes zu geben. Anders ausgedrückt, sie hat das Gefühl, die „Paßvorlagen des Schicksals" nicht optimal zu verwerten und sich manchmal selbst im Weg zu stehen. Sie entschließt sich, die Kraft eines Kerzenrituals für ihre Zwecke zu nutzen.

Manchmal stehen wir uns selbst im Weg

Reinhild weiß, daß sie keine überzogenen und unrealistischen Erwartungen in ihre magische Tätigkeit setzen darf. Sie wird in der halben Stunde, die das Ritual dauert, kein völlig neuer Mensch werden. Ebensowenig werden sich die „Kräfte des Kosmos" dazu hergeben, für einen gänzlich passiven und inaktiven Menschen den

Außerdem kann man mit Ritualen schlummernde Ressourcen mobilisieren

„Gratislieferanten von Wundern" zu spielen. Reinhild weiß, daß sie kaum eine Million in Banknoten auf der Straße finden wird. Sie ist vielmehr entschlossen, nach dem Prinzip „hilf dir selbst, dann hilft dir Gott" zu verfahren. Sie wünscht sich nichts anderes, als ihre schon vorhandenen, z. T. noch als „ungehobene Schätze" in ihr schlummernden Fähigkeiten optimal zur Entfaltung zu bringen und dafür von Ihrer Umgebung eine angemessene, faire Resonanz – insbesondere natürlich ausreichende Bezahlung – zu erhalten.

Ebenso ist sie dazu entschlossen, daß ihr zu erwartender Reichtum nicht auf „Raub" fremden Eigentums oder auf „Ausbeutung" fremder Ressourcen gegründet sein darf. Sie weiß von dem kosmischen Gesetz von Ursache und Wirkung und beschließt daher überdies, von ihrem neu erworbenen Überfluß einen guten Gebrauch zu machen, also einen angemessenen Teil für wohltätige Zwecke und zur Förderung ihres Persönlichkeitswachstums (beispielsweise Reisen, Seminare, Konzerte und bereichernde Lektüre) zu verwenden.

Jupiter steht für Expansion und Wachstum

Nachdem diese grundlegenden Dinge geklärt sind, berechnet Reinhild den optimalen Zeitpunkt für ihr Ritual. Für finanzielle Angelegenheiten ist generell der Jupiter die richtige Adresse. Er steht vor allem für Wachstum und Expansion (womit in diesem Fall eine „Expansion des Bankkontos", aber auch die durch materiellen Wohlstand erreichte größere Bewegungsfreiheit und Flexibilität – beispielsweise für Auslandsreisen gemeint sind). Außerdem verkörpert Jupiter das von außen zur Hilfe kommende Glück, also den scheinbar „unverdienten", in Wahrheit jedoch durch das Gesetz der Anziehung begünstigten „Segen der Götter" beziehungsweise die göttliche „Gnade".

Als Zeitpunkt des ersten Rituals bietet sich also der Donnerstag von 21–22 Uhr an, da alle anderen Jupiterstunden nicht auf den Abend fallen. Selbstverständlich wählt Reinhild, da es sich um Geldvermehrung handelt, eine Phase des aufgehenden Mondes. Sie schlägt in der Zeittabelle nach und liest, daß Jupiter-Rituale dreimal in der selben Weise vollzogen werden müssen. Daher hält sie sich drei aufeinander folgende Donnerstage frei.

Grün ist die Farbe für materiellen Reichtum

Die zu Jupiter und Donnerstag passende Tageskerze hat die Farbe Blau. Dies läßt sich einfach anhand der Tabelle nachschlagen. Die grundlegende Farbe, die symbolisch für die Steigerung materiellen Reichtums steht, ist jedoch Grün. (Man vergleiche das Wachsen und Gedeihen, die Fülle und den Überfluß der grünenden Natur mit den entsprechenden Eigenschaften einer „gedeihenden" finanziellen Situation.) An Kerzen benötigt Reinhild nun außerdem noch zwei weiße Altarkerzen sowie eine Astrokerze, die zu ihrem

Sternzeichen Fische paßt. Zum Glück findet sie in einem Geschenkeladen in ihrer Nachbarschaft das rötliche Violett des Fische-Zeichens sowie Kerzen in den Farben Blau, Grün und Weiß.

Für die Musikbegleitung denkt sie als Mozart-Verehrerin spontan an die „Jupiter Symphonie". Diese paßt nicht nur dem Namen nach, sie repräsentiert für Reinhild auch die Prinzipien der Fülle, des Überflusses (an melodischen und harmonischen Einfällen), ferner Kraft, Aufbruch und die triumphale Überwindung gewisser düsterer Zwischentöne, die in der Musik manchmal bedrohlich durchscheinen. Da sie von dieser Musik allerdings regelmäßig stark mitgerissen und emotionalisiert wird, kann sie sich nicht vorstellen, daß sie sich bei Meditation und Imagination überhaupt auf etwas anderes als auf Mozart wird konzentrieren können. Sie wählt daher eine Kompromißlösung und nimmt eine Kassette auf, an deren Anfang der erste Satz der „Jupiter-Symphonie" steht – gefolgt von einer beschwingten, jedoch insgesamt beruhigend wirkenden Meditationsmusik. Letztere wird die eher konzentrativen Teile des Rituals begleiten (Entspannung, Imagination, Text verlesen), ohne übermäßige Aufmerksamkeit auf sich selbst zu lenken.

Fülle und Überfluß sollen sich in den Materialien des Rituals widerspiegeln

Die Auswahl der Düfte für das Salböl macht Reinhild einiges Kopfzerbrechen. Schließlich gibt es keinen ausgesprochenen „Geld-Duft". Sie wählt daher einen Duft, der ihre Konzentration während des Rituals steigert und jene psychischen Eigenschaften in ihr anspricht, die ganz allgemein einem beruflichen Erfolg förderlich sind: Aufmerksamkeit (auch beim Erkennen und Ergreifen beruflicher Chancen) und geistige Frische: Die gewählte Mischung ist Rosmarin und Zitrone. Sie mischt diese ätherischen Öle mit Jojoba-Trägeröl zu einem brauchbaren Salböl zusammen.

Außerdem möchte sie auf ihren Altar einen Blumenstock mit blauen Hortensien von ihrer Fensterbank plazieren. Dieser vereint die Ritualfarben Grün und Blau (mit einem Schimmer von Gelb, was an „Geld" oder „Gold" denken läßt) und strahlt außerdem durch die Ansammlung dichtgedrängter Blüten „Fülle" und „Überfluß" aus, ja läßt geradezu an eine „verschwenderische Freigebigkeit der Natur" denken.

Da sie ein innerlich unabhängiger, rational denkender Mensch ist, der sich nicht gern den Vorgaben spiritueller „Meister" und Religionsstifter unterordnet, hat sich Reinhild entschlossen, sich ausschließlich an solche Kräfte zu wenden, die in ihr selbst als Potential angelegt sind: Das Wachbewußtsein, das ihr hilft, sehenden Auges die richtigen Maßnahmen zum Gelderwerb zu treffen; das Unbewußte (oder „Unterbewußtsein"), das als unterschwellige Triebkraft ihre Pläne zu torpedieren oder aber zu fördern vermag;

Auf die inneren Vorgänge vertrauen

und das „Überbewußtsein" oder „Höhere Selbst", das ihr persönlicher „Götterfunke", ihre Verbindung zum göttlichen Urgrund allen Seins ist. Sie verzichtet daher auf religiöse Symbole und vertraut ganz auf die Vorgänge, die sich während des Rituals in ihrem Inneren vollziehen.

Ein wichtiger und schwerer Teil der Ritualvorbereitung ist für Reinhild das Entwerfen des Textes, den sie unbedingt selbst auf ihre Situation zuschneiden möchte. Nach langem Feilen lautet ihr Ritualtext folgendermaßen:

Das Ziel klar und deutlich formulieren: darin besteht die Kunst des Textens

Ich wende mich an mein Höheres Selbst, den Göttlichen Teil meines Wesens und alle lichtvollen und hilfreichen Kräfte des Universums.

Zu lange habe ich im Bewußtsein der Armut und des Mangels ausgeharrt. Zu lange habe ich mir damit Wege verbaut, die meinem Wachstum und meiner Entfaltung dienlich gewesen wären.

Grün ist der Frühling, das Wachsen und Gedeihen, die Fülle und die unerschöpfliche Freigebigkeit der Natur. Grün sind auch die Kerzen auf meinem Altar. Möge ein neuer Frühling in meinem Leben anbrechen. Eine Zeit der Fülle, des Wachstums und des Überflusses – auch in meiner materiellen Situation.

All meine Sinne und all meine bewußten und unbewußten Kräfte sind auf das eine Ziel hin ausgerichtet: Materieller Gewinn fließt mir von allen Seiten zu. Ich erkenne und nutze jede sich bietende Gelegenheit, um auf ehrliche Weise zu Geld und Besitz zu kommen.

Ich will meinen neu gewonnenen Reichtum zum Guten verwenden, das Wachstum meiner Persönlichkeit fördern und andere Menschen in angemessener Weise daran teilhaben lassen.

Nun steigt zum Himmel auf, Ihr Kerzenflammen und verbindet meine beschränkte irdische mit meiner unendlichen himmlischen Natur, deren Erbteil unerschöpfliche Fülle ist.

Alles wurde in Ruhe vorbereitet, dann beginnt das Ritual

Am Abend des ersten Rituals hat sich Reinhild, die allein lebt, frei genommen. Sie hat ein leichtes Abendessen zu sich genommen, das ihre Verdauung nicht übermäßig belastet, aber auch Hungergefühle während des Rituals vermeidet. Dann bleiben ihr noch etwa 1 1/2 Stunden bis zur „Stunde Null". Sie räumt ihre Meditationsecke frei und baut ihren Altar nach dem Schema der gegenüberliegenden Seite auf:

Sie nimmt ein Duftbad mit Rosmarin-Lotion, was ihre Lebensgeister weckt und einen angenehmen Abstand vom Alltag schafft. Ihr Salböl aus Rosmarin und Zitrone hat sie schon am Vortag hergestellt. Sie zieht sich eine bequeme weiße Sommerhose und ein weißes T-Shirt an – kein ausschließlich rituelles Gewand, aber es

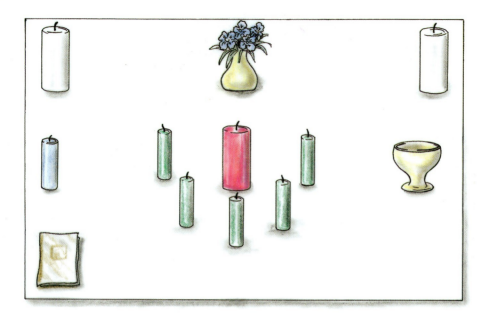

gibt ihr das Gefühl, nun in eine andere, nicht mehr vom Beruf dominierte Phase des Tages eingetreten zu sein.

Um 19.55 sitzt sie im Schneidersitz auf bequemen Kissen vor ihrem vorbereiteten Altar, einem umfunktionierten niedrigen Abstelltisch. Sie schaltet ihre vorbereitete Kassette ein und beginnt exakt um 20.00 mit folgendem Ritualablauf:

- Altarkerzen anzünden
- Opferkerzen salben (Reinhild konzentriert sich vollkommen auf den Zweck ihres Rituals, den Erwerb materiellen Reichtums)
- Opfer-, Astro- und Tageskerzen anzünden (im Uhrzeigersinn. Reinhild konzentriert sich auf die Bedeutung der Kerzen)
- Meditation und Konzentration (Reinhild bedient sich der in einem Seminar erlernten Yoga-Atmung und konzentriert sich dabei auf den Punkt zwischen ihren Augen. Aber auch andere Meditations- und Entspannungsmethoden sind möglich)
- Ziel-Imagination (Reinhild stellt sich bildlich und mit allen Sinnen vor, wie Sie auf der Bank eine große Summe Geldes abholt. Nach einem „Szenenwechsel" befindet sie sich in ihrem Urlaubsparadies bei einem schicken Essen mit ihrem Freund)
- Verlesen des rituellen Textes
- Schlußentspannung. Löschen der Kerzen in umgekehrter Reihenfolge.

Ein symbolischer Gegenstand für eine Wohlstandsmagie wäre zum Beispiel der „Goldmünzen-Berg". Die chinesischen Schriftzeichen bedeuten: „Möge Dir Reichtum von allen Seiten zuteil werden".

✕ Ängste auflösen

Etwas weniger ausführlich (da Sie schon mehr Übung haben) möchte ich nun noch ein zweites Fallbeispiel besprechen. Es handelt sich im Gegensatz zum ersten um ein Verbannungsritual, bei dem es darum geht, Unerwünschtes aus unserem Leben zu entfernen. Dieser Ritualtyp wird, wie Sie schon wissen, bei abnehmendem Mond vollzogen; die Kerzen werden im Gegenuhrzeigersinn angezündet.

Verbannungsrituale werden bei abnehmendem Mond durchgeführt

Herbert (43) leidet seit Jahren in bestimmten Situationen unter Ängsten, beispielsweise wenn er einen Raum betritt, der voll mit vielen Menschen ist oder wenn er jemanden anrufen muß, um mit ihm unangenehme Dinge zu besprechen. Er neigt dazu, angsteinflößende Situationen zu vermeiden, wodurch er sich kurzfristig beruhigt fühlt. Gewisse Probleme lassen sich jedoch durch „Auf-die-lange-Bank-Schieben" nicht lösen, und Herbert gerät durch seine Vermeidungshaltung regelmäßig in berufliche oder private Schwierigkeiten. Auch treibt ihn seine Menschenscheu zunehmend in gesellschaftliche Isolation. Ihm fehlt der lebendige Austausch mit anderen Menschen, obwohl er sich – zumal als Stier – nach Geborgenheit in der Gemeinschaft sehnt.

Herbert entschließt sich zu einem Ritual, das seine spezifischen Ängste in bestimmten Situationen auflösen soll.

Überall wo Hemmungen und Hindernisse im Spiel sind, wo Lebensenergie durch innere (psychologische) und äußere Beschränkungen am freien Fließen gehindert wird, ist Saturn der „zuständige" Planet. Herbert berechnet also als Termin für sein Ritual den Samstag, von 21–22 Uhr. Der Vorgang muß 8mal, jeweils an aufeinanderfolgenden Samstagen wiederholt werden. Als Stier wählt er eine hellrote (orange-rote) Astrokerze. Da die Gegenkraft zu Angst Mut beziehungsweise Selbstbewußtsein ist, ist Orange die richtige Farbe für seine Opferkerzen.

Saturnrituale lassen die Lebensgeister frei fließen

Alles auf Herberts Altar ist demgemäß auf das Thema „Mut" zugeschnitten: Ein Foto der Geschwister Scholl, die für ihn ein Höchstmaß an Zivilcourage verkörpern, als Musik der letzte Satz von Beethovens 5. Symphonie, als Duft eine angstlösende Mischung aus Lavendel und Weihrauch, die er nicht nur als Salböl, sondern auch in der Duftlampe verwendet, um schon während des Rituals einen Vorgeschmack des ersehnten inneren Friedens zu verspüren. Begleitend nimmt er schon in der Planungsphase die Bachblüte „Mimulus" ein, die dafür bekannt ist, spezifische Ängste und Hemmungen zu harmonisieren.

Bachblüten können die Wirkung eines Rituals unterstützen

Da Herbert von Kindheit an christlich geprägt ist, legt er zusätzlich sein Konfirmationskreuz mit auf den Altar – symbolisch für den geistigen Schutzraum des Glaubens, den er bei früheren Gelegenheiten schätzen gelernt hatte. Das Kreuz ist für ihn zugleich Garant dafür, sich nicht mit den „falschen Mächten" magisch zu verbünden.

Als bibelfestem Christen kommt Herbert auch sogleich ein passender Spruch aus dem Evangelium in den Sinn: „In der Welt habt ihr Angst", sagt Jesus, „doch siehe, ich habe die Welt überwunden". Er beschließt, dies in seinen rituellen Text mit aufzunehmen. Aufgrund seiner Religiosität vertraut Herbert lieber auf die Macht Gottes als auf seine eigene Kraft. Auch ist er kein typischer „Esoteriker" und mit Meditation und Imagination nicht vertraut. Er formuliert deshalb:

Christus sagt: „In der Welt habt ihr Angst, doch siehe, ich habe die Welt überwunden".

Laß auch mich die Angst überwinden und alle Scheu von mir abfallen. Ich gehe von nun an frei und selbstbewußt auf andere Menschen zu. Ich zeige ihnen mein Interesse und meine Sympathie und gewinne damit ihre Herzen.

Diese orangefarbenen Kerzen stehen für mein neu erworbenes Selbstvertrauen. Sie tragen meine Bitte mit ihrem aufsteigenden Rauch gen Himmel.

Was habe ich zu fürchten, wenn Du bei mir bist?

Herbert entwirft dann für seinen Altar die folgende Anordnung.

Nach einem entspannenden Duftbad (Duftnote: Melisse) vollzieht sich Herberts Ritual folgendermaßen:
- Altarkerzen anzünden
- Orangefarbene Opferkerzen salben und Duftlampe anzünden. Dabei intensiv an das Thema „mehr Mut und Selbstvertrauen" denken
- Opferkerzen und Astrokerze (hellrot) gegen den Uhrzeigersinn anzünden (auf eine schwarze Tageskerze verzichtet Herbert)
- Entspannung (Herbert sitzt gerade auf einem bequemen Stuhl, versucht, alle innere und äußere Anspannung von sich abfallen und seine Gedanken zur Ruhe kommen zu lassen)
- Imagination (Herbert stellt sich bildhaft eine Situation vor, in der er frei und ohne Angst auf andere Menschen zugeht und von diesen akzeptiert wird)
- Verlesen des vorbereiteten Textes
- Endentspannung und Verlöschen der Kerzen in der umgekehrten Reihenfolge.

Weitere Beispiele in Kürze

Themen für ein Ritual gibt es viele – suchen Sie sich das Ihre aus

Im folgenden werden eine Reihe von Ritualen in Kurzfassung beschrieben. Bei der Auswahl habe ich mich nach (von mir vermuteten) grundsätzlichen Bedürfnissen gerichtet, die vielen Lesern gemeinsam sein dürften. Die Themen sind eher allgemein gehalten (beispielsweise „innere Kraft entwickeln"); sie können aber problemlos für Ihren speziellen Fall konkretisiert werden (beispielsweise „mehr Durchsetzungsvermögen im Umgang mit dem Chef entwickeln").

Bei der folgenden tabellarischen Aufstellung werden nur „Variablen", das heißt Elemente des Rituals, die bei jedem Thema anders sind, exakt aufgeführt. Dies sind vor allem: die Farbe der Opferkerzen und die Zeitberechnung. Gleichbleibende Requisiten, beispielsweise die weißen Altarkerzen werden nicht mehr eigens erwähnt. Sehr persönliche Dinge wie die Farbe der Astrokerze, symbolische Gegenstände und Erinnerungsgegenstände, aber auch die Musik, die sehr stark vom individuellen Geschmack des Lesers abhängig ist, werden ebenfalls nicht aufgeführt. Düfte nur dann, wenn eine klare Zuordnung aufgrund von Analogien oder „duftpsychologischen Aspekten" möglich ist. In der Rubrik „Besonderheiten" können Sie Anregungen für die Gestaltung Ihres Textes erhalten.

Anziehungsrituale

(bei zunehmendem Mond, Kerzen im Uhrzeigersinn anzünden)

Liebe gewinnen, verstärken
Thema: Die Liebe oder Sympathie eines anderen Menschen auf sich ziehen oder vorhandene Gefühle vertiefen

Besonderheiten: Keine „Vergewaltigung" der Gefühle anderer. Ritual unter dem Vorbehalt „wenn es für den anderen Menschen gut ist, mich zu lieben". Es soll lediglich ein schon vorhandener „Liebeskeim" zum Erblühen gebracht werden. Fehlt dieser, so ist das Ritual wirkungslos.

Zeitpunkt: Venus, Freitag, optimal: 21–22 Uhr an sechs aufeinanderfolgenden Freitagen.

Requisiten: Rosarote Opferkerzen, rot, wenn eine stark sexuelle Komponente die Beziehung prägt. Düfte: Rose, Jasmin, Ylang-Ylang

Ablauf: Ein Bild des betreffenden Menschen auf den Altar stellen. Sich mit aller Kraft auf ihn konzentrieren.

Verständnis für andere entwickeln
Thema: Toleranz und Einfühlungsvermögen lernen, eigene „Rechthaberei" aufgeben. Integration einer Vielfalt möglicher Standpunkte in das eigene Bewußtsein, dadurch geistiges und persönliches Wachstum.

Besonderheiten: Wichtig (und nicht selbstverständlich) ist, daß man diesbezüglich überhaupt Handlungsbedarf sieht. Wenn es gelingt, eine „Schlüsselqualifikation" sozialer Kompetenz und spiritueller Reife.

Zeitpunkt: Venus, Freitag, optimal: 21–22 Uhr an sechs aufeinanderfolgenden Freitagen.

Requisiten: Blaue Opferkerzen (für geistige Weite, Gerechtigkeit, Frieden, allumfassende Sympathie/Verständnis), vielleicht rosa (für Sympathie, Liebe des Herzens). Duft: Muskatellersalbei.

Ablauf: Eventuell Bild eines Menschen aufstellen, für den Sie speziell Verständnis aufbringen wollen. Sich auf ihn konzentrieren.

Etwas erreichen für sich und andere – ein Ritual kann dabei helfen

Glück anziehen
Thema: Schicksalswendung, wenn man sich „vom Pech verfolgt" fühlt, günstige Gelegenheiten sollen einem scheinbar „unverdient" zufliegen, Auflösung möglicherweise unbewußter negativer Programme, mit denen man sich selbst unglücklich macht.

Besonderheiten: Das eigene Glück sollte nicht auf Kosten anderer erreicht werden. Das Glück nicht „horten", sondern „weiterfließen lassen", andere daran teilhaben lassen. Versuchen Sie die „Botschaft" hinter Ihrem bisherigen Unglück zu entschlüsseln und durch entsprechenden Lernerfolg sicherzustellen, daß Sie für das Glück „reif" geworden sind.

Zeitpunkt: Jupiter, Donnerstag, optimal: 21–22 Uhr an drei aufeinanderfolgenden Donnerstagen.

Requisiten: Goldene und/oder grüne Opferkerzen.

Ablauf: Da das Thema „Glück" dem der „Gnade" verwandt ist, können Sie eine lichtvolle höhere Kraft oder Macht anrufen, an deren Wirksamkeit Sie glauben.

Mehr innere Kraft entwickeln

Entfalten Sie Ihre „guten" Kräfte

Thema: Sich bei körperlicher, seelischer oder geistiger Trägheit mit Energie „aufladen", Power, Willens- und Durchschlagkraft zum Verfolgen berechtigter Ziele und Projekte, um sich und anderen wirksamer zu helfen.

Besonderheiten: Ihre neu gewonnene Energie sollte nicht von anderen Menschen „geraubt" sein. Vielmehr sollten Sie ausschließlich den unerschöpflichen „Energietank" des Kosmos (Prana, Chi) „anzapfen". Vor allem aber geht es darum, schon vorhandene innere Kraft zur Entfaltung zu bringen, Energieblockaden aufzulösen. Andere mit Ihrer Kraft nicht „an die Wand drücken" oder „überrennen", Kraft sinnvoll bündeln, lenken und gegebenenfalls auch einmal zurücknehmen.

Zeitpunkt: Mars, Dienstag, optimal: 21–22 Uhr an 9 aufeinanderfolgenden Dienstagen.

Requisiten: Rote Opferkerzen, Düfte: Rosmarin und Pfeffer.

Ablauf: Visualisation seiner selbst als „energiesprühendes" Wesen, eventuell die Vorstellung, von rotem Licht durchflutet und gestärkt zu werden.

Erfolg anziehen

Sich mit Energie aufladen und die Mitwelt an der eigenen „Strahlkraft" teilnehmen lassen

Thema: Durch sinnvollen Einsatz Ihrer Kräfte die Anerkennung und Achtung Ihrer Mitmenschen erwerben. Die äußere und „innere Karriere" (aufwärtsgerichtete Entwicklung Ihrer Persönlichkeit) vorantreiben. Einfluß und Wirkungsmöglichkeiten gewinnen, um die Mitwelt an Ihren Erkenntnissen und Ihrer „Strahlkraft" teilhaben zu lassen.

Besonderheiten: Ohne auch äußere Anerkennung bleibt Ihr „Licht unter dem Scheffel", und positive Energien verkümmern oder „verpuffen" ungenutzt. Sie sollten jedoch keinen „Seifenblasen-Erfolg" erzielen oder etwas darstellen wollen, was Sie nicht sind. Es geht auch nicht darum, „Macht um der Macht willen" zu erwerben, sondern eine strategisch günstige Plattform zu erreichen, von der aus sich Ihre guten und schönen Kräfte zu Ihrem Wohle und dem Ihrer Mitmenschen entfalten können.

Zeitpunkt: Sonne, Sonntag, optimal: 21–22 Uhr an einem oder vier aufeinanderfolgenden Sonntagen.

Requisiten: Goldene Opferkerzen. Düfte: Rosmarin.

Ablauf: Visualisieren Sie den Erfolg auf einem konkreten, Ihnen besonders wichtigen Gebiet, beispielsweise im Berufsleben.

Die Wahrheit herausfinden

Thema: Sich Klarheit über einen Sachverhalt verschaffen, der im Verborgenen liegt, beispielsweise wenn man den Verdacht hat, belogen oder hintergangen zu werden, wenn man die Ursachen schicksalhafter Ereignisse herausfinden möchte oder eine spirituelle Wahrheit zu ergründen sucht.

Auch unbequeme Wahrheiten bringt das Ritual ans Licht

Besonderheiten: Man muß bereit sein, möglicherweise auch unbequeme Wahrheiten zu ertragen. Zwischen willkürlicher eigener Phantasie und aufleuchtender „höherer Erkenntnis" zu unterscheiden, erfordert eine schwierige Gratwanderung. Im ungünstigsten Fall verwirrt dieses Ritual eher als es erhellt; wer sich seiner Motive und seiner Urteilskraft sicher ist, kann es dennoch wagen.

Zeitpunkt: Merkur, Mittwoch, optimal: 21–22 Uhr, an fünf aufeinanderfolgenden Mittwochen.

Requisiten: Weiße Opferkerzen.

Ablauf: Konzentrieren Sie sich in der Meditationsphase besonders lange und ausgiebig auf die Angelegenheit, über die Sie Aufklärung erhoffen. Vielleicht steigt eine Vision der gesuchten Wahrheit in Ihnen schon während des Rituals auf. Sagt Ihnen Ihre Intuition, daß diese Erkenntnis aus „überbewußten" Regionen zu Ihnen kommt, die Ihnen normalerweise nicht zugänglich sind? Manchmal finden Sie die Wahrheit aber auch erst später, im Alltag, heraus.

Gesundheit stärken

Thema: Prävention oder Therapie von Erkrankungen des Leibes und der Seele.

Besonderheiten: Die Arbeit des Arztes oder Psychotherapeuten wird – vor allem bei schweren Fällen – durch das Ritual keineswegs überflüssig gemacht. Wichtig ist, daß die unter- und überbewußten Kräfte auf das Ziel „Gesundheit" hin aktiviert werden, unterstützend zur professionellen Therapie. Krankheiten sind manchmal Ausdruck eines „Selbstbestrafungswunsches" aufgrund von tatsächlicher oder eingebildeter Schuld aus diesem oder einem frü-

Das Ritual als unterstützende Kraft zur ärztlichen Therapie verstehen

heren Leben. Sie können um Auflösung dieses für Sie schädlichen „Programms" bitten oder nach Wegen suchen, die „Botschaft der Krankheit" zu verstehen und den durch sie angeregten Lernschritt auf andere, weniger schmerzhafte Weise zu vollziehen.

Zeitpunkt: Sonne, Sonntag, optimal: 21–22 Uhr, an vier aufeinanderfolgenden Sonntagen.

Requisiten: Opferkerzen in grün (Erneuerung), rot (Zuwachs an Kraft) oder gelb (Zufuhr von Lichtkräften) denkbar. Düfte: je nach Krankheitsbild, beispielsweise Kamille, Minze, Melisse, Rosmarin, Rose …

Ablauf: Wenn das Ritual für einen anderen, kranken Menschen gedacht ist, legen Sie ein Bild oder einen besonderen Gegenstand auf den Altar. Imaginieren Sie die Person im „gesundheitsstrotzenden" Zustand.

Verbannungsrituale

(Bei abnehmendem Mond durchführen, Kerzen im Gegenuhrzeigersinn anzünden)

Depressionen überwinden

So werden Sie zum „Sonnenschein"

Thema: Lichtkräfte auf sich ziehen, um aus dem Teufelskreis negativen Denkens auszubrechen; dadurch wiederum positive Ereignisse in sein Leben ziehen. Auflösung von Lethargie und blockierter Lebenskraft, mehr Freude und Lust am Leben.

Besonderheiten: Sie können nichts falsch machen, da Sie als „Nicht-mehr-Depressiver" auch für andere Menschen zum Sonnenschein werden dürften. Vergessen Sie aber nicht, daß hier unter Umständen professionelle Hilfe unumgänglich ist.

Zeitpunkt: Saturn, Samstag, optimal: 21–22 Uhr an 8 aufeinanderfolgenden Samstagen.

Requisiten: Gelbe Opferkerzen (Sonnenkraft), auch Grün (Erneuerung, Heilung) und Blau (Überwindung der Traurigkeit, des „Blues") möglich. Düfte: Johanniskraut (auch als Tee, Dragee geeignet), Muskatellersalbei, Grapefruit, Orange, Zitrone, Bergamotte, Rose, Patchouli …

Ablauf: Visualisieren Sie Bilder zum *Thema:* „Wie lebe und fühle ich, völlig frei von Depressionen".

Schlechte Gewohnheiten ablegen

Thema: Auflösen innerer Programme und Zwänge, die Sie daran hindern, ein erfülltes, selbstbestimmtes Leben zu führen. Beispiele: Fernsehsucht, Putzfimmel, „Auf-die-lange-Bank-Schieben" ...

Besonderheiten: Wie bei allem, was in den Bereich psychischer Gesundheit fällt, gilt auch hier: In gewissen Fällen ist professionelle Hilfe unumgänglich. Bei Drogensucht und ähnlich schweren Leiden kann das Ritual nur „therapiebegleitend" wirken.

Zeitpunkt: Saturn, Samstag, optimal: 21–22 Uhr, an 8 aufeinanderfolgenden Samstagen.

Requisiten: Weiße und schwarze Kerzen (siehe „Ablauf").

Ablauf: Visualisieren Sie die schlechte Gewohnheit als einen Gegenstand – beispielsweise ein Netz oder viele lästige Kletten –, der an Ihnen klebt. Lassen Sie den Gegenstand dann von sich abfallen und spüren Sie das Gefühl von Befreiung. Verwenden Sie am Anfang des Rituals schwarze Opferkerzen und entzünden Sie am Ende (beispielsweise nach Abschluß der Visualisation) an ihrer Stelle weiße Kerzen – ein eindrucksvolles Bild für Ihr Unbewußtes!

Nur wer sich selbst kennt, kann sein Leben positiv beeinflussen

Harmonierituale

(Vorzugsweise bei zunehmendem Mond durchführen. Kerzenanzünden aber im Gegenuhrzeigersinn durchführen. Falls das Ritual bei abnehmendem Mond stattfindet, Kerzen im Uhrzeigersinn anzünden)

Schutzritual

Thema: Abschirmung vor negativen Kräften und Schwingungen, beispielsweise Menschen mit negativer Ausstrahlung, schlechte Gedanken, auch (sofern Sie daran glauben) „Verfluchungen", dämonische Mächte und so weiter

Besonderheiten: Es wird auf Dauer nicht zu verhindern sein, Personen mit einer Ausstrahlung, von der Sie sich „heruntergezogen" oder „ausgelaugt" fühlen, zu meiden. Das Schutzritual kann solche negativen Einflüsse nur abmildern. Stellen Sie auch sicher, daß Ihr Schutzbedürfnis ein gesundes Maß nicht überschreitet. „Dämonen" können in dem Maße an Macht gewinnen, wie wir ihnen durch unsere Gedanken und unsere Furcht Energie zukommen lassen. Oft ist es besser, Gedanken nur um die „guten Kräfte" kreisen zu lassen und sich in ein gewisses „Urvertrauen", daß einem nichts geschehen könnte, hineinfallen zu lassen.

Lassen Sie negative Schwingungen an sich abprallen

Zeitpunkt: Mond, Montag, optimal: 21–22 Uhr, an 7 aufeinanderfolgenden Montagen.

Requisiten: Opferkerzen in Weiß (angestrebte Reinheit), Rot (Stärkung der inneren Kraft) und/oder Gelb (Ausstrahlung, Lichtkräfte). Duft: Weihrauch.

Ablauf: Sie können sich dabei vorstellen, Ihre eigene Aura undurchlässiger zu machen, also eine Art „Mantel" oder eine „Glasglocke" über sich zu breiten, eine positive Ausstrahlung zu entwickeln, an der negative Schwingungen quasi „abprallen", oder auch schützende, lichtvolle Mächte zu Hilfe rufen.

Offen für spirituelle Erfahrungen werden

Thema: Innere Ruhe und Frieden finden, um ein günstiges „Klima" für Gebet, Besinnung und Meditation zu schaffen, sein Wesen „höheren" Gedanken, Kräften und Schwingungen öffnen und sich für Erfahrungen und Begegnungen mit dem Göttlichen bereit machen.

Besonderheiten: Bitten Sie nicht um Erkenntnisse und „Erleuchtung", die Sie überfordern könnten und für die Sie aufgrund Ihres augenblicklichen Entwicklungsstandes noch nicht bereit sind. Für jeden Menschen kann die materielle Wirklichkeit jedoch in irgendeiner Weise „durchscheinend für das Göttliche" werden. Innere „Gespräche" mit Gott oder Ihrem Höheren Selbst, Meditation und der Versuch ethischer Selbstvervollkommnung können ganz bewußt in das tägliche Verhaltensrepertoire integriert werden und auf den „inneren Lehrplan" der Persönlichkeitsentwicklung gesetzt werden.

> Wer auf diesen Gebieten weiterkommen will, kann das Ritual als „Initialzündung" und begleitende Unterstützung nutzen

Zeitpunkt: Jupiter, Donnerstag, optimal: 21–22 Uhr, an 3 aufeinanderfolgenden Donnerstagen.

Requisiten: Opferkerzen in Blau (innerer Friede) und Violett (mystische Erfahrung, Verbindung mit dem Göttlichen). Düfte: Weihrauch, Patchouli.

Ablauf: „Der Weg ist das Ziel", da Meditation hier zu den Mitteln, aber auch zu den Zielen des Rituals gehört. Visualisieren Sie ein Bild vollkommenen Friedens, etwa eine glatte, von keinem Windhauch gekräuselte Meeresoberfläche oder den inneren Bezirk eines stillen, schattigen Gartens. Rufen Sie, wenn Sie es wünschen, diejenigen lichtvollen höheren Mächte an, die Sie ich Ihr Leben „ziehen" möchten. Bedenken Sie aber, daß Sie um spirituelle Erfahrungen nur bitten können, versuchen Sie also nicht, „magischen Zwang" auszuüben. Legen Sie sich Rechenschaft über ihre (lauteren?) Motive ab und prüfen Sie den Grad Ihrer persönlichen Reife.

> So kommen lichtvolle Mächte in Ihr Leben

Negative Charaktereigenschaften loslassen

Thema: Charakterliche Mängel auflösen und in ihre gereinigte, „erlöste" Form transformieren.

Besonderheiten: Voraussetzung ist ein gewisses Maß an Selbsterkenntnis, also eine hinreichende persönliche Reife. Sie müssen den Schritt tun und sagen: „Ich möchte weniger herrschsüchtig sein", anstatt: „Der andere sollte lernen, mir mehr zu gehorchen". Achten Sie darauf, daß die durch die überwundene Charakterschwäche hinterlassene Lücke durch lichte Kräfte wiederaufgefüllt wird und daß nicht ein Extrem das andere ablöst. Grundregel: Jede Schwäche ist im Grunde eine unerlöste Stärke. Herrschsucht soll beispielsweise in gesundes Durchsetzungsvermögen, in wohlwollende Führungskompetenz verwandelt werden, nicht etwa in schwächliche Passivität. Zur Bearbeitung derartiger Themen eignen sich im übrigen auch Bachblüten.

Die Planeten helfen

Zeitpunkt: Wechselt entsprechend dem angeschnittenen Thema. Beispiele:

Thema	Planet	Wochentag
Herrschsucht	Sonne	Sonntag
Wankelmut, Unzuverlässigkeit	Mond	Montag
Jähzorn, unkontrollierte Aggression	Mars	Dienstag
Lüge, intellektuelle Überheblichkeit	Merkur	Mittwoch
Gewinnsucht	Jupiter	Donnerstag
Genußsucht, Maßlosigkeit	Venus	Freitag
Pingeligkeit, Kontrollsucht	Saturn	Samstag

Requisiten: Schwarze und weiße Opferkerzen (siehe: Ablauf).

Ablauf: Stellen Sie sich vor, wie Sie ohne die unerwünschte Eigenschaft leben und fühlen werden. Inszenieren Sie einen „dramatischen" Ablauf, in dessen Verlauf, die schwarzen Kerzen durch die weißen ersetzt oder verdrängt werden.

Mein persönliches Kerzenritual-Tagebuch

Mein persönliches Kerzenritual-Tagebuch

Mein persönliches Kerzenritual-Tagebuch

Weitere Titel aus dem Windpferd Verlag

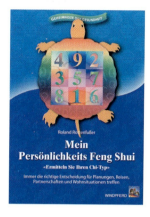

Roland Rottenfußer
Mein Persönlichkeits-Feng-Shui
Ermitteln Sie Ihren Chi-Typ – und treffen Sie
immer die beste Entscheidung
Das Persönlichkeits-Feng-Shui gibt uns wichtige Informationen über die Energie einer Person. Es können entsprechend dem I Ging, das als die Mutter des Feng Shui gilt, neun Persönlichkeitstypen bestimmt werden. Damit lassen sich schnell und zuverlässig sichere Entscheidungen für die Zukunft treffen. Ist die Chi-Kraft meines Partners mit mir kompatibel? In welchem Raum der Wohnung sollte mein Zimmer liegen? Welche Aufgaben und Herausforderungen stehen in diesem Monat und Jahr für mich an? Reisen in für uns günstige Richtungen lassen sich planen. Persönlichkeits-Feng-Shui verrät, was gemäß unserem Feng-Shui-Typ geschehen könnte.
160 Seiten, ISBN 3-89385-301-4

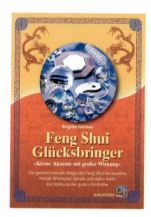

Brigitte Gärtner
Feng Shui Glücksbringer
Kleine Akzente mit großer Wirkung
Die geheimnisvolle Magie von Feng-Shui-Accessoires. Kristall, Windspiel, Spiegel, Spirale und vieles mehr zur Stärkung der guten Chi-Kräfte
Untrennbar verbunden mit dem Feng-Shui sind auch die Feng-Shui-Glücksbringer, zumeist geheimnisvolle, magisch wirkende Gegenstände, die an Ort und Stelle ihre verborgenen Kräfte zur Geltung bringen. Mit ihnen läßt sich vieles bewirken. Kristalle, Windspiele, Delphine, Wasserfälle, Glücksmünzen, Pa-Kua-Spiegel, Glücksdrachen, DNS-Glasspiralen ... und vieles mehr gehört zum Repertoire des Feng-Shui. „Feng-Shui-Glücksbringer" ist das erste Buch, das ausschließlich über Feng-Shui-Accessoires berichtet. Es ist mit über 100 farbigen Fotos und Zeichnungen wunderschön illustriert.
80 Seiten, vierfarbig illustriert, ISBN 3-89385-323-5

René van Osten
Das große I Ging Lebensbuch
Handlungsanweisungen für alle Fragen und Bereiche des Lebens – Mit dem dreistufigen I-Ging-Karten-Set
Das I Ging galt lange als geheimnisvoll, mystisch und esoterisch in dem Sinne, daß es nur Eingeweihten seine tiefe Weisheit preisgab. René van Osten dagegen präsentiert uns das I Ging absolut praxisnah, als „Orakel" in seiner besten Form: Die Zukunft ist nicht unabwendbar, sie entspringt früheren Taten, formt sich im Denken und Handeln des Hier und Jetzt und manifestiert das, was zukünftig sein wird. Ein Buch, das sehr gut in eine Zeit paßt, in der die tiefe Spiritualität des I Ging sein Comeback erlebt. Einzigartig ist die umfassende Interpretation der klaren Handlungsanweisungen: die Bedeutung der Linien. Nirgendwo sind sie bisher lebensnaher und sicherlich nicht ausführlicher beschrieben: allgemein, psychologisch, typologisch und auf die Chakra-Ebenen bezogen. 24 Karten zeigen die universale Symbolik der Trigramme. Element- und Farbzuordnungen machen das I Ging leichter denn je begreiflich.
432 Seiten + 25 Karten in Buchbox, ISBN 3-89385-174-7

Wilhelm Gerstung und Jens Mehlhase
Das große Feng-Shui Haus- und Wohnungsbuch
Eine umfassende Darstellung aller wesentlichen Feng-Shui-Situationen im Haus- und Wohnungsbereich mit praktikablen Lösungen
Die Autoren beschreiben detailliert und anschaulich die wesentlichen Feng-Shui-Aspekte im Haus und zeigen praktikable Lösungen für alle denkbaren Situationen auf. Dabei wird immer auch die äußerst wichtige Verbindung zur Radiästhesie hergestellt. Interessierte Anwender des Feng Shui bekommen konkrete Planungshilfen für Wohnungseinrichtungen und Hausbau und erfahren, wie sie selbst mit einfachen Mitteln positive Energien und damit Gesundheit und Wohlbefinden ins eigene Heim bringen sowie Störeinflüsse beseitigen können.
Hier wird erstmals die Einwirkung von feinstofflichen Wesenheiten beschrieben, die einen großen Einfluß auf die Harmonie und Behaglichkeit der Hausbewohner ausüben. Früher als «Geister» bezeichnet, befreien die Autoren nun diese Wesenheit von allem abergläubischen Ballast. Sie untersuchen sie mit den Augen der Forscher und beschreiben ihre Wirkungen und Auswirkungen auf die Menschen.
Anleitungen zu eigenen Energiemessungen im Haus und umfangreiches Material für den angehenden Feng-Shui-Berater runden diesen wertvollen Ratgeber ab. Das Buch ist mit 300 Zeichnungen und Graphiken illustriert.
240 Seiten, ISBN 3-89385-282-4

Zulma Reyo
Feuer und Licht
Die Geheimnisse von Karma und Sexualität und die Bedeutung von Beziehungen in der inneren und äußeren Welt
Dies ist keines der üblichen Bücher über zwischenmenschliche Beziehungen. Was Sie in Ihren Händen halten, sind tiefgehende Informationen über Psychologie und Dynamik der spirituellen Entwicklung. Eine komplette energetische Anatomie, Sexualität als reine Lebensenergie.
«Feuer und Licht» ist voller spiritueller Weisheit und Kraft, geschrieben von einer der bemerkenswertesten Lehrerinnen auf diesem Gebiet, Zulma Reyo, einer Frau mit starkem Charisma.
Licht als Baustein der sexuellen Energie spielt hier eine bedeutende Rolle. Auch die Anatomie der Macht, die Beziehungsdynamik sowie der Weg der Liebe sind zentrale Themen dieses Buches. Vom orgasmischen Puls des Lebens über Energieaustausch in der Paarbeziehung und rituelle Vereinigung bis hin zur alchimistischen Erfahrung reicht das Spektrum dieses spannenden Eintauchens in die Welt der feinstofflichen Energien. Frauen wie Männern werden neue Türen der Selbstwahrnehmung geöffnet.
Zulma Reyo ist eine bemerkenswerte Frau, von einem herzlichen Wesen und starker weiblicher und spiritueller Ausstrahlung. Sie begründete und leitet heute das «Zentrum für Innere Alchimie» in Sao Paulo. Neben Veröffentlichungen hält sie regelmäßig Vorträge und Seminare, auch in Europa.
248 Seiten, ISBN 3-89385-278-6

Weitere Titel finden Sie unter www.windpferd.com